MATEMÁ
TICA
MORTÍ
FERA

Saber Horrível

MATEMÁTICA MORTÍFERA

AAH!

KJARTAN POSKITT

Ilustrações de
TREVOR DUNTON e PHILIP REEVE

Tradução de
ZSUZSANNA SPIRY

Editora Melhoramentos

Aos meus pais, Peter e Alison Poskitt, pela maravilhosa educação que eles me deram. Espero que este livro não seja chocante demais para eles.

Dados Internacionais de Catalogação na Publicação (CIP)
(Câmara Brasileira do Livro, SP, Brasil)

Poskitt, Kjartan
Matemática mortífera / Kjartan Poskitt; ilustrado por Trevor Dunton e Philip Reeve; [tradução Zsuzsanna Spiry]. – 3. ed. – São Paulo: Editora Melhoramentos, 2021.

Título original: Murderous maths
ISBN 978-65-5539-323-1

1. Matemática - Literatura infantojuvenil I. Spiry, Zsuzsanna. II. Título.

21-68195 CDD-028.5

Índices para catálogo sistemático:

1. Matemática: Literatura infantil 028.5
2. Matemática: Literatura infantojuvenil 028.5

Maria Alice Ferreira – Bibliotecária – CRB-8/7964

Título original em inglês: *Murderous Maths*
Tradução: Zsuzsanna Spiry
Projeto gráfico e diagramação de capa: Lobo

Publicado originalmente por Scholastic Ltd., Inglaterra, 1997

3.ª edição, 2.ª impressão, maio de 2025
ISBN: 978-65-5539-323-1

Atendimento ao consumidor:
www.editoramelhoramentos.com.br
sac@melhoramentos.com.br
CNPJ: 03.796.758/0001-76

Impresso no Brasil

Sumário

Sumário

MATEMÁTICA MORTÍFERA - VOCÊ ESTÁ BRINCANDO!

AH, É? COMO É QUE A MATEMÁTICA PODE SER MORTÍFERA?
ACREDITE EM MIM, GAROTO. DÊ UMA OLHADA NESTE CASO. É DOS ARQUIVOS DA POLÍCIA.
Luigi's D

Cidade: Chicago, Illinois, EUA
Local: Restaurante do Luigi, na Rua Principal
Data: 1º de abril de 1927
Hora: 1h30 da madrugada

Benni estava recostado numa *juke box* – máquina de disco, para os íntimos – esperando para limpar o chão. Todas as mesas estavam limpas já fazia muito tempo; todas, exceto uma. Os ocupantes dela não eram o tipo de gente para ser incomodada, a menos que você quisesse sair dali dentro de um caixotão de madeira. Benni ficou olhando a fumaça do cigarro subir, indo se enrolar nas pás do ventilador de teto. E achou melhor esperar.

– Cavalheiros, um brinde! – convidou Estilete Boccelli erguendo seu copo. – A partir de hoje, a guerra entre leste e oeste está terminada. Vamos beber em nome de uma paz duradoura entre nossas famílias.

Benni olhava com espanto enquanto os Boccellis e os Gabriannis solenemente tilintavam seus copos e se apertavam as mãos.

– Luigi! – rosnou Jimmy Dedão. – Acorda, cara, acorda! Hora de ir para casa!

Benni ficou só olhando, enquanto seu chefe, suado, correu até a mesa e, num tom de desculpa, apresentou a conta.

– Trinta e três dólares e trinta e cinco centavos – Weasel leu em voz alta.

– Então fica tudo meio a meio, certo? – disse Jimmy.

– Errado – retrucou Weasel. – Vocês todos comeram salada de camarão, meu chapa, e isso custa dez centavos a mais que o *fettuccini*.

– E daí? Esse seu primo aí comeu metade do meu pão de alho! – Jimmy resmungou de volta.

– Metade? – respondeu, zombando, Gabrianni, o Sorriso Torto. – Eu só comi um pedacinho. Além disso, foi você quem ofereceu, seu pouca coisa.

– Você está me chamando de pouca coisa? – Num piscar de olhos, Jimmy sacou sua Bereta. – Que tal eu oferecer um par de balas de chumbo para você?

– Espera aí, gente! – Estilete foi acalmando. – Agora nós somos amigos, lembram? Podemos fazer umas contas. Quem aqui sabe matemática?

– O que eu sei é que a gente não vai dividir meio a meio – disse Weasel. – A gente paga menos.

– Mas vocês estão em quatro e nós somos só três – rosnou Jimmy.

BLACKPOOL

– Para um cara de um dedo só, você sabe contar bem – disse Charlie Serra de Cadeia. – E além disso o seu irmão é muito gordão, ele vale por dois.

– Isso já é demais! – disse Jimmy num salto. – Ele não gosta de ser chamado de gordo! Gosta, Gorducho?

– Claro que não! – grunhiu Gorducho enquanto agarrava uma enorme faca de trinchar.

– Mais devagar com isso! – disse Weasel, puxando uma automática que estava sob o chapéu.

Benni e Luigi se esconderam atrás do balcão, de onde podiam ouvir o som dos tiros, os gritos e os corpos caindo no chão.

– Meu Deus, é de cortar o coração – sussurrou Luigi. – Se ao menos eles soubessem um pouco de matemática.

– É isso aí, e agora vão todos virar defunto – respondeu Benni.

– Que se danem! – disse Luigi. – O que eu quero saber é quem vai pagar a conta!

É isso aí... tanto faz se você está discutindo sobre uma conta do restaurante, mandando um foguete para a Lua ou simplesmente querendo pregar uma peça nos seus amigos: você precisa saber um pouco dessa MATEMÁTICA MORTÍFERA!

Às vezes, a matemática pode parecer horrível. Dê uma olhada:

$(x^3 + y^3)^{1/2} / \omega r = 0{,}27993$

Mas os únicos que têm de se preocupar com isso são alguns pesquisadores malucos. Não deixe isso perturbar você!

A maioria das coisas legais da matemática usa números bem simples, e algumas nem ao menos usam números ou letras. Dê uma olhada nisto:

Uma experiência matemática para aquecer

- Encha uma banheira até a borda.
- Muito calmamente, entre na banheira.
- Deite bem devagar, como se estivesse flutuando.
- Adivinhe? A quantidade de água que você acabou de esparramar pelo chão do banheiro tem exatamente o mesmo volume que você!

TUDO BEM, MÃE. ESTOU SÓ FAZENDO A LIÇÃO DE CASA!

Se a coisa ficar complicada, diga às pessoas que você está testando a Teoria de Hidrostática de Arquimedes e que ele foi o maior matemático de todos os tempos!

O primeiro capítulo começa com coisas bem fáceis – na verdade, é tão fácil que você pode fazer de trás para frente, de olhos vendados e de cabeça para baixo, ou até mesmo enquanto estiver cortando a unha do dedão do pé. Mas abra o olho, não subestime, pois mesmo a matemática mais fácil pode ser fatal. E, para provar isso, você vai ficar sabendo como toda a raça humana pode ser sumariamente exterminada!

Você acha impossível? Dê só uma olhada...

OS FUNDAMENTOS

Os sinais e os símbolos

Provavelmente você sabe o significado dos diferentes números, não? 1 significa *um*, 2 significa *dois* e assim por diante. Claro como o dia.

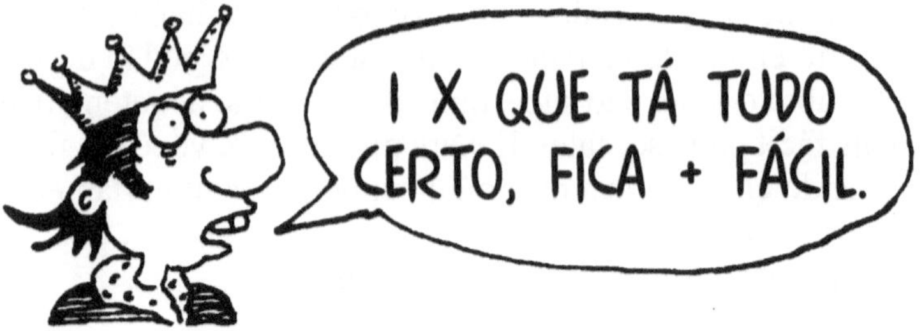
I X QUE TÁ TUDO CERTO, FICA + FÁCIL.

Da mesma forma que os números, existem diferentes sinais que podem ser usados para mostrar o que você quer que os números façam entre si.

= IGUAL

É quando um número é igual ao outro e a gente diz que eles são iguais, como 3 = 3. (Não seria genial se todos os cálculos fossem fáceis assim?)

+ MAIS

É quando você quer somar um número com outro.

10
25
SE VOCÊ TEM R$10,00 NUM BOLSO DA CALÇA E R$25,00 NO OUTRO BOLSO, O QUE VOCÊ TEM?
A CALÇA DE OUTRA PESSOA.
ESSA PIADINHA É VELHA...

Tem uma coisa para ser observada com o sinal de "+" que é o seguinte: para somar duas coisas, você tem de ter certeza de que essas duas coisas são do mesmo tipo. Dê uma olhada:

2 maçãs + 3 maçãs = 5 maçãs

(Alguém pode querer checar essa conta na calculadora. Se você conhece uma pessoa assim, então *fuja* dela porque ela é uma *mente-capta.*)

Agora dê uma olhada nesta conta:

17 garotas + 9 garotos = 26... o quê?

Seriam 26 garotas? Não, a não ser que os garotos não se incomodem em serem chamados de garotas também. Seriam 26 garotos? Também não, a não ser que as garotas não se incomodem em serem chamadas de garotos.

Na verdade, a resposta é 26 garotas *e* garotos, ou até mesmo 26 jovens. Só porque você somou todos juntos não quer dizer que alguns deles tenham de mudar de gênero, certo?

- MENOS

Você usa o sinal de "–" quando quer tirar uma coisa de outra. Mas, veja bem, de novo você tem de ter certeza de que as duas coisas são iguais. Por exemplo, uma coisa que está certa é:

7 cachorros – 4 cachorros = 3 cachorros

(De novo, cuidado com aquelas pessoas que têm de checar essa conta na calculadora. É o tipo do chato de galocha que faz qualquer coisa por uma emoçãozinha.)

Mas que tal esta conta:

7 salsichas – 2 batatinhas = ?

Viu só? É completamente maluco e, ainda por cima, não faz nenhum sentido.

12
7
VOCÊ TEM R$12,00 E O ZÉ PEGA R$7,00. O QUE VOCÊ TEM AGORA?
UMA BRIGA.
MAIS UMA PIADINHA ANTIGA...

x VEZES ou MULTIPLICADO POR

Quando se multiplica alguma coisa, é como se estivesse somando essa coisa diversas vezes. 5 x 3 é a mesma coisa que somar três porções de cinco *ou* somar cinco porções de três.

Assim 5 x 3 = 5 + 5 + 5 = 3 + 3 + 3 + 3 + 3 = 15

÷ DIVIDIR POR

Dividir é o contrário de multiplicar. É como pegar um número e desdobrar em diversos pedaços iguais.

15 ÷ 3 = 5

Essa conta nos diz que, se você desdobrar 15 em três partes iguais, cada parte fica com 5. Um outro jeito de dizer a mesma coisa é "Quantos 3 existem em 15?", e a resposta continua sendo 5.

Tem uma coisa bem legal com as contas que usam o sinal de dividir. Você pode trocar o divisor pela resposta e a conta vai continuar certa. Assim, se você inverter o 3 com o 5, você obtém:

15 ÷ 5 = 3

Funciona também com números grandes:

12.341 ÷ 43 = 287 está correto, da mesma forma que
12.341 ÷ 287 = 43

% PORCENTAGEM

Significa simplesmente "dividido por 100". Algumas escolas dão nota em porcentagem; então se você teve 61% significa que, de um total de 100, você conseguiu 61.

[OVOS 20% DE DESCONTO]
DEVEM ESTAR PODRES.

É comum as vitrines mostrarem cartazes dizendo coisas do tipo "20% de desconto". Isso quer dizer "20/100 de desconto", que é outro jeito de dizer que o que quer que eles estejam anunciando custa 1/5 a menos que o preço normal.

Assim, você tem =, +, -, x, ÷ e %. Bonitinho, prático e vai direto ao assunto, mas dê uma olhada no próximo...

Potência

É comum você ter de multiplicar um número por ele mesmo um montão de vezes.

Que tal 13 x 13 x 13 x 13 x 13?

Aqui o número 13 está sendo multiplicado por ele mesmo *cinco* vezes. O nome dado para isso é "13 elevado à *5ª potência*". (Observe que isso *não* é a mesma coisa que 13 x 5, que é simplesmente 13 vezes 5.)

Mas tem um jeitinho para você poder escrever esse montão de números de uma só vez. Simplesmente escreva um pequeno número do lado dele. Então, para 13 x 13 x 13 x 13 x 13, em vez de ficar escrevendo 13 *cinco* vezes, simplesmente escreva 13^5.

ATENÇÃO!
NÚMEROS GRANDÕES
CHEGANDO

A coisa legal sobre *potência* é que às vezes você chega a números mortalmente grandes. Dê uma comparada nestes dois:

13 vezes 5 = 13 x 5 = 65

13 elevado à 5ª potência é = 13^5 = 371.293

Como aterrorizar um cientista

Esses números podem ser um tanto quanto assustadores, principalmente quando falamos de coisas como *bactérias*! As bactérias se parecem com miniaturas de minhocas alienígenas e elas podem viver praticamente em qualquer lugar. (Até você tem milhões delas amigavelmente circulando dentro de seu intestino!) Existem milhares de tipos diferentes, e a maioria é inofensiva. Mas, se você pegar algumas perigosas, elas podem ser letais. Os cientistas estão sempre tentando descobrir novas drogas para combater as bactérias perigosas, mas eles também têm dois *grandes* problemas...

- Apesar de as drogas poderem matar bilhões de bactérias, às vezes uma ou outra faz uma coisa chamada mutação. Isso significa que ela cria uma resistência e consegue sobreviver à droga.
- Mesmo que a bactéria sobrevivente seja letal, uma ou duas provavelmente não poderão fazer muito mal a alguém. O problema consiste no fato de que elas conseguem se reproduzir com uma velocidade impressionante.

Guia de reprodução para bactérias

1. Cresça e divida-se ao meio.
2. Cada uma das metades deve crescer e também se dividir em duas.
3. Faça isso *a cada 10 minutos* (ou até mais rápido).

De fato, se você começa com uma pequena bactéria solitária:

- em 10 minutos você terá 2

- em 20 minutos você terá 2 x 2 (ou 2^2)

- em 30 minutos você terá 2 x 2 x 2 (ou 2^3)
- em 60 minutos você terá 2 x 2 x 2 x 2 x 2 x 2 (ou 2^6)
- em 24 horas você terá 2^{144} bactérias!

Então, quantas bactérias você terá depois de *um* único dia?

Se você calcular 2 à 144ª potência, o seu resultado será próximo de: 22.300.000.000.000.000.000.000.000.000.000.000.000.000.000! Mortífero!

Dá para escrever esse número assim também: $2{,}23 \times 10^{43}$.

Na verdade, somente as bactérias mais rápidas conseguem crescer e se dividir em 10 minutos ou menos. A maioria delas leva cerca de meia hora, mas, mesmo assim, ao final de apenas um dia você chegaria a 2^{48} bactérias, que é aproximadamente 281.000.000.000.000. Em dois dias o resultado seria $281.000.000.000.000^2$, que, calculado, seria algo em torno de 79.200.000.000.000.000.000.000.000.000.

Se essa bactéria fosse letal...

- *e* não existisse nada para parar a reprodução dela
- *e* ela conseguisse se espalhar por aí
- *e* não existisse nada para destruí-la

...essa quantidade seria suficiente para matar todo mundo sobre a face da Terra.

Não é de espantar que os cientistas estejam preocupados.

Não é fantástico ver como os números crescem rapidamente quando você os duplica? Não deixe de dar uma olhada no coronel Cancela, que vai aparecer mais adiante neste livro. A duplicação dos números vai provocar um choque terrível nele!

OS FUNGOS FATAIS DO PROFESSOR DIABÓLICO

"Oh, não! Não me diga que estou novamente correndo um perigo mortal!", você diz com um bocejo. O pior é que está... O professor Diabólico prendeu você no banheiro dele. No chão tem uma enorme mancha de fungos fatais, que estão prestes a disparar seus *esporos podres* para tudo quanto é lugar. O único jeito para você se salvar é cobrir a mancha feita pelos fungos, não deixando nem um pedacinho à mostra.

Tudo o que você dispõe para cobrir a mancha é de um monte de azulejos *quadrados*, todos exatamente do mesmo tamanho. (A borda não precisa ser muito bem emparelhada, contanto que eles cubram os fungos completamente.) Por sorte você acha que isso é fácil...

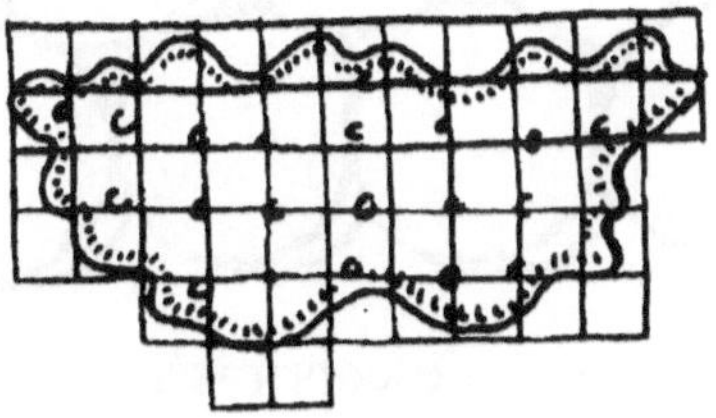

...mas, por azar, o professor Diabólico percebe que, com azulejos quadrados, isso fica *fácil demais*! Então ele tira os azulejos quadrados e mostra alguns formatos diferentes para você:

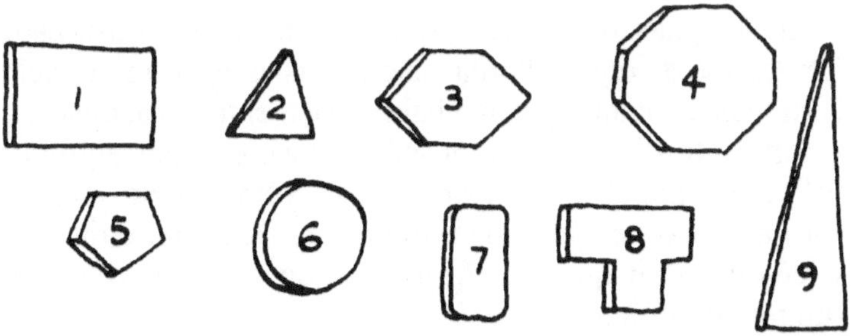
1
2
3
4
5
6
7
8
9

Você tem de escolher só um dos formatos. Após a escolha, o professor lhe dará todos os azulejos no formato escolhido. Você acha que o formato que escolher para cobrir os fungos não vai fazer diferença ou você acha que alguns formatos não vão dar certo?

Aqui vai uma dica: com os azulejos redondos não vai dar certo porque eles deixam um monte de espaços entre eles. Dê só uma olhada...

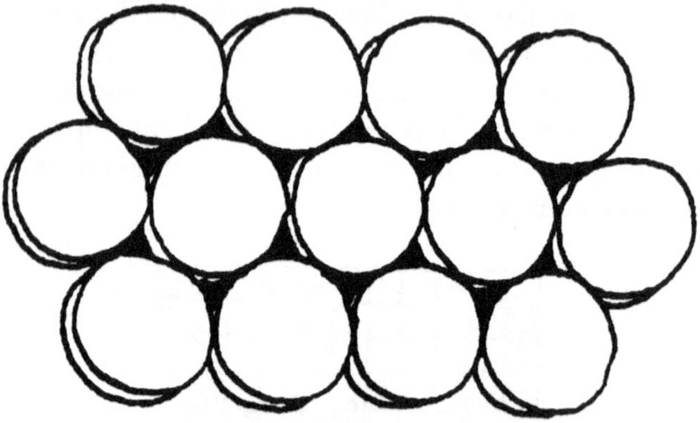

É claro que você pode descobrir isso sozinho. Pegue um montão de moedas redondas – por exemplo, de 10 centavos – e tente cobrir um pedaço de papel com elas, completamente, de modo que não apareça nenhum pedacinho do papel que está embaixo das moedas. (Todas as moedas precisam estar em contato com o papel; você não pode colocar umas sobre as outras para cobrir os vazios.)

Então: quais formatos de azulejo vão dar certo e quais não? Lembre-se de que as bordas não precisam estar muito bem certinhas, contanto que não haja espaço entre os azulejos.

Um jeito divertido de descobrir isso é pegar algumas folhas de papel e recortar vários exemplos do mesmo formato, e aí ver se dá para juntá-los. Desse jeito dá para você descobrir quais os formatos que salvarão você dos fungos diabólicos!

Você pode até mesmo inventar algumas formas exclusivas e recortá-las. O resultado que você encontrar deve indicar que *qualquer* forma de três ou quatro lados funciona, mas, se você for um cara esperto, talvez prefira inventar formas com cinco ou mais lados que também funcionam.

Resposta: As formas 1, 2, 3, 8 e 9 cobrirão os fungos completamente, mas as outras vão deixar espaços e, com isso, os *esporos podres* poderão atacar você!

A comovedora saga dos Vetores valentões

– Pelo profeta! – exclamou o coronel Cancela ao mesmo tempo que espiava para dentro da sala dos guardas. – O que é que está havendo aqui?

– Bem se vê, senhor – gaguejou o sargento. – É como o senhor mesmo está vendo. Perdemos todas as nossas roupas.

O coronel olhou à sua volta, incrédulo, vendo seus doze Guerreiros Vetores Valentes sentados à sua frente, tremendo.

– O que você quer dizer com "perderam suas roupas"? – perguntou o coronel, sibilando. – Daqui dá para ver todas as roupas empilhadas no canto. Vocês têm de fazer um exame de vista.

– Não, senhor, a gente andou jogando cartas e perdeu – murmurou o sargento, tentando se cobrir com um par de setes e um valete de paus.

– Então quem foi que venceu? – perguntou o coronel.

– Como vai? – disse um homenzinho saindo de trás da pilha de roupas. – Eu sou Thag, o Matemágico, às suas ordens.

– Devolva as roupas dos meus homens imediatamente! – ordenou o coronel.

– Isso não seria nada apropriado – disse Thag. – Afinal de contas, eu venci justa e honestamente, e esses cavalheiros, sendo cavalheiros como são, não sonhariam em pegar aquilo que não lhes pertence.

Todos os Guerreiros Vetores Valentes fizeram sinais de aprovação com a cabeça, com ares de seriedade. Eles sabiam que uma das condições básicas para ser um Guerreiro Vetor

Valente era a de ser um cavalheiro, mesmo que alguns deles não tivessem muita certeza se era tão legal assim ser um cavalheiro desnudo e trêmulo.

– Muito bem, Sr. Thag Matemágico, vamos ver quão cavalheiro você é – disse o coronel, embaralhando e distribuindo as cartas. – Porque eu estou prestes a lhe ensinar uma lição.

Cerca de dez minutos mais tarde...

– Não posso pelo menos ficar com minhas calças? – implorou o coronel. – Afinal de contas, eu preciso pendurar minhas medalhas em algum lugar.

Thag sorriu ironicamente.

– Você vai ter de comprar suas roupas de volta – disse ele.

– Quanto é? – perguntou o coronel.

– Você vai ter de pagar por cada conjunto de roupas em separado – disse Thag.

– Quanto é? – perguntou novamente o coronel.

– O primeiro pagamento será um real. O segundo pagamento será dois reais. O terceiro será três reais. O quarto será quatro reais, e assim por diante.

– Mas, incluindo todas as minhas roupas, são treze conjuntos! – rosnou o coronel. – O último conjunto vai custar treze reais!

– Se você acha que isso é muito, eu vou lhe dar uma alternativa. O primeiro pagamento pode ser um centavo – disse Thag.

– Bem, essa conversa já dá para encarar – disse o coronel.

– Mas cada pagamento vai ser o dobro do anterior. Assim, o segundo pagamento vai ser de dois centavos, o próximo de quatro centavos, o seguinte de oito centavos e assim por diante.

– Bobagem! – disse o coronel. – Eu vou na dos centavos. Quero ter minhas roupas de volta.

– Eu preciso de um centavo para o primeiro lote – disse Thag.

– Claro – disse o coronel, procurando os bolsos, mas só encontrando o umbigo. – Ah... posso pagar mais tarde?

– Tudo bem – respondeu Thag –, mas não se esqueça de que para treze conjuntos de roupas você vai precisar de treze pagamentos.

– Eu lhe dou a minha palavra – garantiu o coronel. – Além do quê, são só alguns centavos.

Sem demora, todos os soldados estavam vestidos.

– Tudo bem! – disse o coronel, virando-se para Thag. – Quanto lhe devo?

– Não se afobe – disse Thag –, quem sabe tem mais alguma coisa que eu possa fazer por você.

BUM! No mesmo instante uma flecha atravessou a janela da sala dos guardas e veio direto bater na mesa, bem em frente ao coronel Cancela.

– Cruz credo! – rosnou o coronel. – Essa passou raspando.

– E como – concordou o sargento. – Ela quase atravessou o jarro de leite.

– Vou ter de reclamar com o carteiro – disse o coronel, enquanto tirava da flecha um pequeno rolo de papel que estava amarrado nela.

– O que diz aí? – perguntou o sargento.

– Leia os primos elefante socorro você eu gostaria frio salsichas... – balbuciou o coronel.

– Ahn? – disseram todos os Guerreiros Vetores juntos.

– Não faz nenhum sentido – disse o coronel.

– Tirando o trecho que fala de salsicha fria – disse o sargento. – Eu gosto muito.

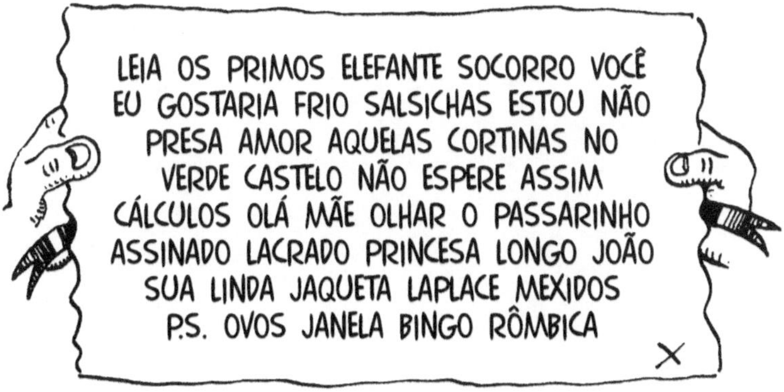
LEIA OS PRIMOS ELEFANTE SOCORRO VOCÊ
EU GOSTARIA FRIO SALSICHAS ESTOU NÃO
PRESA AMOR AQUELAS CORTINAS NO
VERDE CASTELO NÃO ESPERE ASSIM
CÁLCULOS OLÁ MÃE OLHAR O PASSARINHO
ASSINADO LACRADO PRINCESA LONGO JOÃO
SUA LINDA JAQUETA LAPLACE MEXIDOS
P.S. OVOS JANELA BINGO RÔMBICA
X

– Olha – disse o coronel –, aqui diz "princesa".

– Princesa Longo João Sua Linda Jaqueta Laplace? – exclamou o sargento. – Quem é?

– Talvez seja a princesa Laplace! – disse o coronel. – Ela está escrevendo em código.

– Em código? Caramba! – disse o sargento num tom de palpite.

– Sim – sussurrou o coronel. – E, conhecendo a princesa, isso deve ser um daqueles malditos truques numéricos idiotas.

– Oh, céus! Senhor, ela não é demais? – disse o sargento, com um sorrisinho afetado. – Ninguém jamais será capaz de decifrar a mensagem secreta dela.

– Inclusive a gente – disse o coronel. – Brilhante! Como é que nós vamos descobrir o que ela quer?

Do canto da sala se ouviu o som de uma tossezinha suave.

– Eu poderia decifrar para você – disse o Matemágico, com um sorrisinho maroto.

– Verdade? – disse o coronel.

– Mas vai lhe custar mais um pagamento!

Continua...

A MELHOR INVENÇÃO DE TODOS OS TEMPOS

Como você se sente em relação a números?

BOCEJO
CHATO
RONCO
SÓ ME ACORDE QUANDO TERMINAR

O problema é que os números são tão brilhantes que acabam sendo subestimados pelas pessoas. A verdade é que *os números são a invenção mais inteligente e poderosa de todas.*

Pode ser que agora você esteja pensando que a TV é uma invenção muito melhor, ou que os foguetes a jato são muito mais potentes, mas, sem usar os números para organizar e calcular tudo, a TV e os foguetes jamais teriam sido inventados.

Lidando com números
ou Graças a Deus nós não somos romanos!

Hoje em dia nós subestimamos o valor de ler e escrever números graças à utilização dos dez dígitos numéricos.

DEZ DÍGITOS NUMÉRICOS? AAARGH! PARECE ASSUSTADOR. O QUE É ISSO?
RELAXE. É SÓ 0, 1, 2, 3, 4, 5, 6, 7, 8, 9.

Com o nosso sistema, dá para você escrever uma conta como esta:

$$\begin{array}{r} 28 \\ 107 \\ +\ 654 \\ \hline 789 \end{array}$$

Caso você ache isso um pouco difícil, dê uma olhada no jeito que os antigos romanos teriam escrito essa mesma conta:

$$\begin{array}{lr} & \text{XXVIII} \\ & \text{CVII} \\ + & \text{DCLIV} \\ \hline & \text{DCCLXXXIX} \end{array}$$

Horrível, né? O problema é que antigamente eles não conheciam o nosso sistema numérico. O sistema numérico mais antigo funcionava mais ou menos assim:

EU QUERO QUE VOCÊ CONTE MEUS CARNEIROS!
ISSO É FÁCIL!
UFA!
E AÍ, QUANTOS EU TENHO?
CARAMBA!
BÉÉ

Finalmente, as pessoas perceberam que escrever um montão de pequenas linhas era uma verdadeira chatice, e então elas começaram a inventar diversos jeitos mais simples de fazer a coisa.

Os romanos usavam linhas para os números menores, mas conforme os números iam ficando maiores, para encurtar a história, eles começaram a usar letras...

- Em vez de desenhar cinco traços pequenos para escrever "5", eles usavam a letra "V". E eles acrescentavam mais linhas ao "V" se precisassem; assim, por exemplo, para escrever "7" eles desenhavam "VII".
- Para representar o número "10", eles usavam a letra "X". E novamente, se fosse necessário, eles acrescentavam mais linhas, então o "13" ficaria "XIII", e o "15" seria "XV".

No fim, eles já tinham um montão:

I = 1 V = 5 X = 10 L = 50 C = 100 D = 500 M = 1000.

VIVALDUS ESPERTUS
DIZEM QUE ELE INVENTOU O SISTEMA DE NÚMEROS ROMANOS.

Por meio da combinação desses símbolos, era possível escrever qualquer número. Por exemplo, 537 seria DXXXVII. Por enquanto, tudo legal!

Mas nem sempre eles adicionavam os símbolos. Por exemplo: para escrever o número 9, eles poderiam ter escrito VIIII (que significaria 5 + 4), mas era mais fácil escrever IX, colocando o I na frente do X, ou seja, *tirando* 1 de 10, para chegar ao número 9. Complicado, não é? E eles costumavam fazer isso com números maiores também. XC era o mesmo que LXXXX, que é 90. XCII seria 92, e XCIV seria 94.

(Fala sério, você está começando a achar o nosso sistema *bem* esperto, não é?)

Faça um teste: você consegue combinar os números romanos com os nossos? Tome cuidado, porque existem dois números que não combinam. Você consegue descobrir quais são?

DXXXIX XVIII CMLV
DIX MMXXII CDIV
XLI MCMXCVIII
955 539 404 2022 17 41 1997 1202

Resposta: DIX e 1202 não combinam.

Por azar, existe um número que os romanos NÃO conseguiam escrever. Será que você consegue descobrir que número era esse?

Resposta: Os romanos não tinham um símbolo para o número zero.

Mesmo que você ache que o sistema dos romanos não era tão mau assim para escrever números, você já pensou ter de ficar fazendo conta como eles?

Olhe aí uma soma romana:

(MMCDLXIV ÷ XVI) + (XXIX x XVII) = DCXXXXVII

MENTES
FUNDIDUS

Argh!

COMO FUNCIONA NOSSO SISTEMA "DECIMAL"

Se quisermos escrever um número menor que o 10, a gente simplesmente escreve um dígito sozinho, sei lá, o 3 por exemplo, ou o 8.

SERÁ QUE SOU EU OU ISSO É SIMPLES DEMAIS?
É VOCÊ QUE É MUITO SIMPLES.

Se quisermos escrever um número maior que o 10, colocamos junto mais de um dígito. Podemos escrever o número "sessenta e cinco" assim: 65. Ou a gente pode escrever o número "quatrocentos e oitenta e dois" assim: 482. Podemos *até* escrever números grandões com facilidade: 98.746.227.021. (Imagine fazer isso com aqueles números romanos!)

Nosso sistema funciona porque podemos usar o mesmo conjunto de dígitos, mas eles têm valores diferentes, dependendo de onde os colocamos.

Por exemplo, veja o número 531. Sabemos que 1 vale 1, que 3 (do 531) vale 3 x 10 e é igual a 30, e que o 5 (do 531) vale 5 x 10 x 10 e é igual a 500. Cada posição vale *10 vezes* mais que a posição à sua direita.

Vamos supor que você usou exatamente os mesmos dígitos, mas em posições diferentes. Nesse caso, o número resultante seria um número completamente diferente.

Por exemplo, se você escreve assim: 135. Agora o número 5 vale somente 5, o número 3 novamente vale 3 x 10, ou seja, 30 (ele está no mesmo lugar em que estava antes) e o número 1 vale 1 x 10 x 10, que é igual a 100!

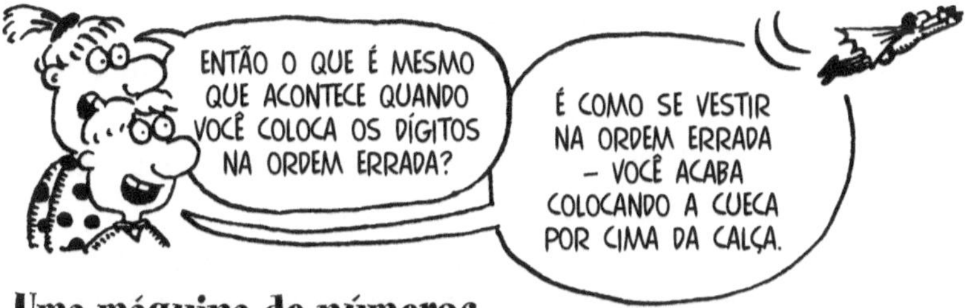
ENTÃO O QUE É MESMO QUE ACONTECE QUANDO VOCÊ COLOCA OS DÍGITOS NA ORDEM ERRADA?
É COMO SE VESTIR NA ORDEM ERRADA – VOCÊ ACABA COLOCANDO A CUECA POR CIMA DA CALÇA.

Uma máquina de números

Antigamente, as pessoas tinham diversos métodos para trabalhar com números. Às vezes elas usavam pilhas de pedrinhas ou faziam diversos nós numa corda; mas de todos eles o método mais esperto era o ábaco, e ainda hoje muita gente dos países do Extremo Oriente se utiliza desse instrumento.

O ábaco tem umas varetas de arame cheias de bolinhas, e cada uma das varetas é dividida em duas seções, com uma conta na parte de cima e quatro contas na parte de baixo. É deixado um espaço livre para as contas poderem deslizar. Aqui está um pequeno ábaco...

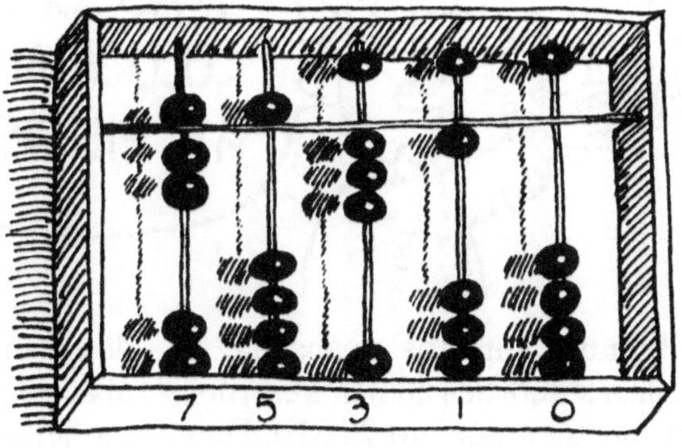
7 5 3 1 0

A posição das bolinhas em cada vareta do ábaco representa um número.

Quando a bolinha sozinha é empurrada para cima e o grupo de quatro contas é empurrado para baixo, temos representado o número 0.

- Quando *uma* das bolinhas inferiores é empurrada para o meio, temos representado o número 1.
- Quando *três* das bolinhas inferiores estão no meio, temos representado o número 3.
- Quando a bolinha do *lado de cima* de uma vareta está no meio, temos representado o número 5.
- Quando a bolinha do lado de cima *mais* alguma da parte de baixo da mesma vareta estão no meio... bem, você pode descobrir por você mesmo!

O legal do ábaco é que dá para mudar os números com grande rapidez, sem ter de fazer anotações ou apagar. Isso significa que o ábaco é útil para fazer contas de somar e de subtrair... e pessoas habilidosas podem até fazer contas de multiplicar e de dividir com mais rapidez do que com a calculadora!

MAS ONDE COLOCAMOS AS PILHAS?

A leitura dos números no ábaco é feita do mesmo jeito que é feita a leitura dos números escritos. O ábaco da página anterior mostra o número 75.310. Do mesmo jeito que os números escritos, cada vareta do ábaco vale dez vezes mais que a vareta à sua direita.

Você já reparou que tudo parece depender do número 10? Nesse caso, não parece estranho a existência de símbolos para todos os números até o 9, mas, quando se trata do número 10, escreve-se apenas o "1" seguido do "0"? Hoje em dia a gente nem percebe, mas um dos maiores marcos em toda a história do mundo foi...

A invenção do nada!

Mesmo depois da descoberta dos dígitos de 1 a 9, levou centenas de anos para as pessoas perceberem que elas precisavam de um símbolo para o zero. No ábaco era simples, você deixava todas as bolinhas na ponta e isso significava zero. Mas, quando eles queriam escrever o número dois mil e quatorze, eles escreviam 2 14. Eles simplesmente deixavam um espaço em branco na coluna correspondente à centena... quando se lembravam! Dá para você imaginar a confusão que isso deveria causar:

O INIMIGO VAI ATACAR COM 1 2 HOMENS.
SERÃO 102 HOMENS? OU 12? 1002? 1020? OU SERÁ QUE É SÓ UM HOMEM COM MAIS DOIS OUTROS?

Mesmo que o valor do "0" seja nada, ele significa muito! Você pode imaginar como seria escrever números grandes se você não tivesse nenhum zero? Bem, isso, sim, seria mortífero.

ALGUMAS BESTEIRAS SOBRE CALCULADORAS

...e como fazer o Urgum, o Homem do Machado, ficar feliz

Hoje em dia as calculadoras estão em todas as partes. Elas vêm incrustadas em relógios de pulso ou nas laterais das canetas. Meu Deus, em breve vão existir modelos com sabor de morango, e você vai fazê-las funcionar com suas amígdalas. O problema é que quase todo mundo perdeu o costume de somar. Experimente perguntar para alguém: "Se eu tenho seis calculadoras e alguém passa a mão em duas delas, com quantas eu vou ficar?". Não duvide se algumas pessoas falarem: "Hum... acho que não sei, cadê minha calculadora?". Entretanto, as calculadoras não podem fazer tudo e, na verdade, às vezes elas são completamente tapadas.

O bolo, o tolo e a calculadora

Imagine a cena: é seu aniversário e você tem um bolo que quer dividir com seis dos seus amigos.

Você quer calcular quanto bolo cada um deles vai receber. Viu só? Você está usando matemática aplicada porque está dividindo *um* bolo por *sete* pessoas (não se esqueça de se incluir!). Imediatamente, um de seus amigos vai se revelar um perfeito idiota e vai tirar uma calculadora do bolso e colocar 1 ÷ 7. Daí ele vai dizer que cada pessoa deve receber 0,142857143 do bolo. Você já pensou pegar um bolo e tentar cortar um pedaço correspondente a 0,142857143 do tamanho total? Claro que não.

Aqui dá para fazer duas coisas. A primeira é trancar o idiota no armário e soltar um pum pelo buraco da fechadura. A segunda é ser extremamente sensível e perceber que agora você pode dividir o bolo por SEIS, o que vai resultar em pedaços maiores para cada um. Claro, se você usar uma calculadora para ver quanto dá 1 dividido por 6, ela lhe mostrará 0,1666667 como resposta, o que, mais uma vez, não leva você a lugar algum.

NÃO É JUSTO, EU SÓ GANHEI 0,1666666!

Uma maneira muito mais sensível de resolver o problema é perceber que, se seis pessoas estão compartilhando um bolo de maneira justa, cada uma delas deve receber *uma sexta* parte. (Se você quer escrever um sexto usando números, você simplesmente coloca 1/6.) Tudo o que você tem a fazer para descobrir como é *um sexto* é cortar o bolo em seis partes iguais, e – quem diria? – cada uma delas será um sexto do bolo! Parece mágica, porque, mesmo sem fazer nenhuma conta difícil, automaticamente você terá multiplicado o bolo por 0,1666667 para fazer cada pedaço. Pelo profeta, você é um gênio!

O problema da calculadora é que ela não é muito boa para mostrar números fracionários.

Frações de fato

A gente chama de fracionários aqueles números que não são *números inteiros*. Números inteiros são números exatos, como 1, 2, 57 ou até mesmo 193.679.032. Se você perguntar quantas pessoas tem na sua escola, você sempre receberá a resposta com um número inteiro, como, por exemplo, 421, porque não dá para ter meia pessoa na sua escola. É claro que algumas delas podem ser meio estúpidas, mas isso já é outra coisa.

As frações entram em cena quando o valor ao qual você está se referindo é só um pedacinho maior que um número inteiro, mas ao mesmo tempo ele é um pouquinho menor que o próximo número inteiro. Por exemplo: sete e meio é um pouco maior que sete, mas não chega a ser grande o suficiente para ser oito.

Pessoas mais sensíveis escrevem um meio deste jeito: 1/2. Mas as calculadoras não podem fazer isso, porque elas não conseguem escrever os números um embaixo do outro, com um tracinho no meio. O que as calculadoras fazem é dividir 1 por 2 e mostrar a resposta assim: 0,5. Pelo menos o exemplo escolhido é fácil e simples e significa exatamente a mesma coisa, mas existem alguns números fracionários que mesmo as melhores calculadoras, as mais chiques, não conseguem calcular o valor exato. Na verdade...

Mesmo as calculadoras mais metidas podem ser umas porcarias

Faça de conta que, de novo, você está dividindo um bolo em seis pedaços. Quantos dígitos a sua calculadora pode mostrar ao mesmo tempo?

Algumas podem mostrar somente oito dígitos e elas vão lhe mostrar que o resultado de 1/6 = 0,1666667.

Entretanto, uma calculadora elegante, com um visor maior, pode ser capaz de mostrar doze dígitos e ela vai lhe mostrar que o resultado de 1/6 = 0,16666666667.

Então, qual das duas está certa? Bem, na realidade nenhuma das duas está totalmente correta. A verdade é que, se sua calculadora tivesse um visor muito grande, que pudesse mostrar vinte dígitos, ela mostraria que 1/6 =

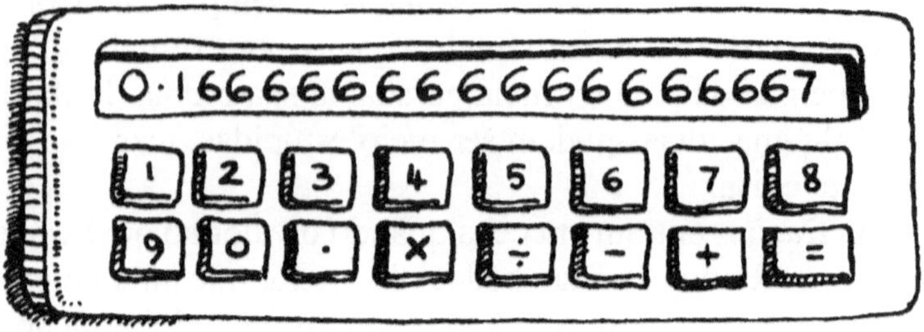
0·16666666666666667
1 2 3 4 5 6 7 8
9 0 · × ÷ − + =

...e ainda assim não estaria totalmente correta!

Só por curiosidade, existem *duas razões* para não sairmos por aí comprando uma calculadora que tenha um visor que possa mostrar um milhão de dígitos.

1. Ela não caberia no bolso (a menos que estivéssemos usando uma calça muito das esquisitas).

2. Ela ainda não estaria totalmente correta!

O problema é que, quando dividimos 1 por 6 (que é o que a calculadora está fazendo), fica sempre sobrando um pouquinho, e nós temos de continuar dividindo aquele pouquinho por 6, e aí sobra um pouquinho ainda menor, e assim por diante.

Os tipos de fração

O fato é que para algumas frações as calculadoras mostram uns resultados bem bacaninhas. Vá até o armário e destranque o idiota, empreste a calculadora dele e tente fazer as seguintes contas:

1 ÷ 3 1 ÷ 9 1 ÷ 11

Uma conta particularmente interessante é 1 ÷ 7. Se você tivesse uma calculadora com um visor bem comprido, descobriria que a resposta é algo do tipo:

0,142857142857142857142857142857...

É curioso como números do tipo 142857 ficam se repetindo, não é mesmo?

É por isso que às vezes é mais fácil calcular as frações de cabeça do que ficar se incomodando com calculadoras.

Tem mais uma *última razão* para as calculadoras não serem muito boas com frações. Se você dividir uma calculadora em metades, ela não vai mais funcionar.

Cinco coisas a serem feitas com uma calculadora que não funciona

1. Embrulhar com papel prateado e fazer de conta que é uma barra de chocolate.

HUMMM!

2. Tirar o miolo dela e usar como forma de fazer gelo.

3. Pendurar no peito e fazer de conta que você é um androide.

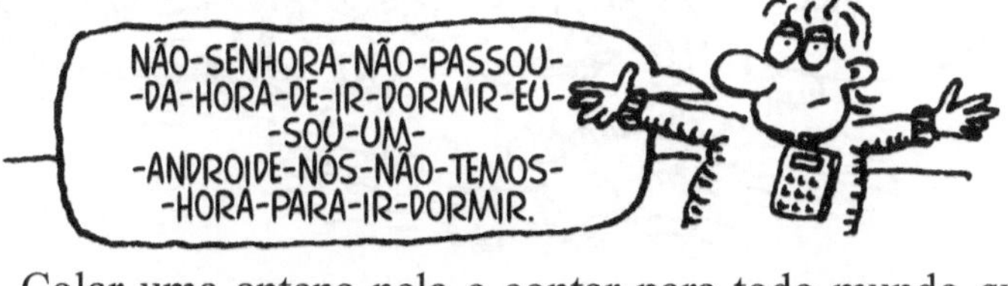
NÃO-SENHORA-NÃO-PASSOU--DA-HORA-DE-IR-DORMIR-EU--SOU-UM--ANDROIDE-NÓS-NÃO-TEMOS--HORA-PARA-IR-DORMIR.

4. Colar uma antena nela e contar para todo mundo que agora você tem um telefone celular.

ALÔ... VERDADE? VOCÊ QUER MESMO QUE EU TOQUE?

5. Alugar para as formigas o compartimento da bateria.

ALUGA-SE
UAU! PARECE SER BEM ESPAÇOSO!

Quando você evita números do tipo 0,16666 ou 0,142857143, o genial é que você mantém a cabeça legal e tranquila, e você vai precisar de uma cabeça bem legal e tranquila para o caso de você deparar com...

Urgum, o Homem do Machado!

Urgum tem três filhos, chamados Cruz, Credo e Cruel, mas ele não tem nenhuma filha com o nome de Cruela. Na verdade, eles são todos *cruéis*.

ESTA É UMA FOTO DA FILHA QUE EU NUNCA TIVE. ...SNIFF...
CRUZ
CREDO
CRUEL

Urgum também tem *onze* machados. Ele havia prometido que Cruz ficaria com a metade deles, Credo ficaria com um quarto deles e Cruel ficaria com um sexto deles. Você pode ajudá-los a dividir os machados?... Lembre-se de que eles não estão para brincadeiras e vão ficar muito bravos se você não fizer as coisas certinhas!

(O mané que ficou trancado no armário provavelmente pegaria a calculadora dele e começaria a calcular quanto é um sexto de 11, e aí ele diria para Cruel que poderia ficar com 1,8333 machado. Daí Cruel ficaria se perguntando o que é que ele poderia fazer com aquele pedaço a mais de machado, e então decidiria usar o mané para fazer um picadinho.)

A resposta é meio complicada, mas só para prevenir, caso isso venha a lhe acontecer um dia, aqui está o que tem de ser feito...

Em primeiro lugar, você vai ter de perguntar para Urgum se você pode emprestar mais um machado. Urgum vai lhe dar um sorrisinho doce e dizer:

– Claro, mas não se esqueça de trazer de volta, senão... har, har, har!

Então você coloca esse machado ao lado dos outros para ter um total de doze machados.

HAR
HAR
HAR

Pois bem, Cruz recebe a metade deles, ou seja, você multiplica os doze machados por meio, que fica assim: 12 x 1/2. Isso é a mesma coisa que dividir 12 por 2, e a resposta é 6. Cruz fica com *seis* machados... mas, antes de Cruz levar os machados embora, calcule o resto.

Credo fica com um quarto dos machados, por isso você divide 12 por 4, obtendo como resultado *três* machados.

Cruel fica com um sexto dos machados, por isso você divide 12 por 6, obtendo como resultado *dois* machados.

– OK, rapazes, podem pegar seus machados – você diz. Cruz pega *seis*, Credo pega *três* e Cruel pega *dois*.

CRUZ
CREDO
CRUEL

Céus! Ainda sobrou um machado. Mais que depressa você o devolve para Urgum e... pernas para que te quero, você dá no pé rapidinho.

Percebeu como esse quebra-cabeça funciona? Se você somar as frações de cada um dos três rapazes, isso vai dar 1/2 + 1/4 + 1/6... que não dá um total certinho de 1. (O resultado é 11/12.) Quando você empresta o machado a mais, isso significa que tem doze machados, que faz a conta ficar mais fácil, mas, graças ao fato de só precisar distribuir onze machados, isso faz com que você fique com um de sobra para devolver.

ENCURTANDO A HISTÓRIA

Você sabe o que quer dizer "longo"? Você acha que é diferente de "curto"? Acredite se quiser, mas a resposta é *não*. Dê uma olhada nesta piadinha antiga...

Um homem vai ao médico e ouve:

EU SINTO MUITO, MAS VOCÊ SÓ TEM CINCO MINUTOS DE VIDA.
NÃO TEM NADA QUE VOCÊ POSSA FAZER POR MIM?
BEM... EU PODERIA COZINHAR UM OVO.

Você está rindo? Então continue rindo por mais cinco minutos. Vamos, continue rindo... *Cinco* minutos pode parecer muito tempo, não é verdade?

Ou *é*?

O homem da piada não achava que cinco minutos era um tempo longo, de jeito nenhum. O fato é que a mesma quantidade de tempo pode ser descrita como longa ou curta, dependendo do que está acontecendo.

Talvez você ache que *um segundo* é um tempo curtinho, mas em um segundo a luz pode viajar 300.000 km. Se você for estúpido o suficiente para ficar segurando um carvão incandescente na sua mão por um segundo, isso pareceria um século.

Se você acha que uma centena de anos é um tempo muito longo, encontre uma pedra que fala e pergunte para ela quantos anos ela tem. Mas, verdade seja dita, se você levar menos de cem anos para encontrar uma pedra que fala, você terá sido bem rapidinho.

OI, EU SOU O PEDRA DE LARA E ESTE É O CASSIANO DO VALLE.
OI

O tempo não é a única coisa confusa quando a gente fala de distância. Uma autoestrada de um metro de comprimento seria um tanto curta, mas se o seu nariz tivesse um metro de comprimento então ele seria muito comprido. Em outras palavras, o seu nariz seria estupidamente comprido e a autoestrada seria estupidamente curta, ainda que eles tivessem o mesmo comprimento! E se, por azar, o seu nariz *tiver* um metro de comprimento e acontecer de você ficar parado próximo a uma autoestrada de um metro de comprimento, cuidado, pois você poderá meter o seu nariz num congestionamento. Bem, mas aqui vai a última piada "longa"...

MÃE, FALTA MUITO PARA O JANTAR?
UNS DEZ CENTÍMETROS, QUERIDO. SÓ FALTA A SALSICHA.

Você não tem de ficar cinco minutos rindo dessa piada, mas ela é tão engraçada que você vai rir muito.

O mistério continua...

– Bem – perguntou Thag, o Matemágico –, você quer que eu decifre a mensagem da princesa ou não?

– Muito bem, e você receberá seu décimo quarto pagamento – concordou o coronel Cancela. – Então, o que significa?

– A dica aparece nas primeiras palavras "Leia os primos" – explicou Thag, o Matemágico. – Você sabe o que são os números primos, não sabe?

– Bem, homens? Quem é voluntário para contar para ele? – disse o coronel, fingindo saber.

Os Guerreiros Vetores pareciam muito envergonhados. Eles preferiam se voluntariar para coisas como fazer chá na hora da prática da marcha.

– Um número primo é um número que não pode ser dividido exatamente por nenhum número a não ser por ele mesmo e por 1 – disse Thag.

É CLARO!

– É claro! – disseram os Guerreiros Vetores em uníssono.

– Eles não têm a mínima ideia do que eu estou falando, não é mesmo? – perguntou o Matemágico.

– Eh, bem, para dizer a verdade, as divisões não são parte dos procedimentos militares normais – explicou o coronel.

– Você acha que eles podem conseguir umas pilhas de tijolos? – perguntou o Matemágico.

– Creio que sim – disse o coronel. – É o passatempo favorito deles.

– Dê a cada homem um número diferente de tijolos e diga para eles arrumarem os tijolos bem direitinho, em fileiras. Eles não podem deixar nenhum vão entre eles nem deixar sobrar nenhum tijolo.

– Isso vai ajudar a decifrar o código? – perguntou o coronel.

– É bem provável – disse Thag. – Enquanto isso, eu vou enumerar as palavras da mensagem.

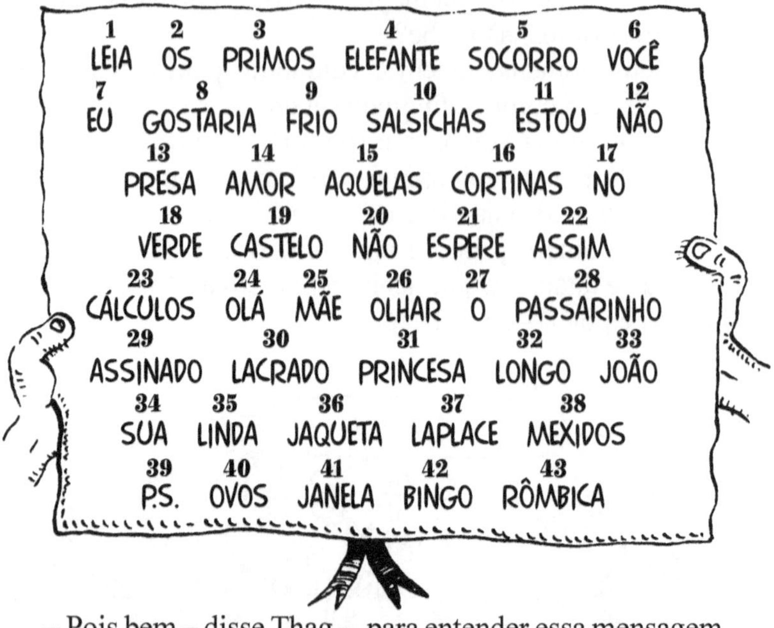
1 LEIA 2 OS 3 PRIMOS 4 ELEFANTE 5 SOCORRO 6 VOCÊ
7 EU 8 GOSTARIA 9 FRIO 10 SALSICHAS 11 ESTOU 12 NÃO
13 PRESA 14 AMOR 15 AQUELAS 16 CORTINAS 17 NO
18 VERDE 19 CASTELO 20 NÃO 21 ESPERE 22 ASSIM
23 CÁLCULOS 24 OLÁ 25 MÃE 26 OLHAR 27 O 28 PASSARINHO
29 ASSINADO 30 LACRADO 31 PRINCESA 32 LONGO 33 JOÃO
34 SUA 35 LINDA 36 JAQUETA 37 LAPLACE 38 MEXIDOS
39 P.S. 40 OVOS 41 JANELA 42 BINGO 43 RÔMBICA

– Pois bem – disse Thag –, para entender essa mensagem, a gente só lê as palavras correspondentes aos números primos.

– E o que é que a divisão tem a ver com isso? – perguntou o coronel.

Thag levou-o até o lugar onde um dos guerreiros estava arrumando a pilha de tijolos.

– Este camarada aqui tem dez tijolos – explicou Thag. – Ele organizou os tijolos em duas fileiras bonitinhas de cinco tijolos cada uma. Isso significa que você pode dividir dez por dois lotes de cinco e o resultado será um número exato. Por isso o 10 não é um número primo.

– Ah! – disse o coronel, começando a entender. – Então a gente não lê a palavra salsicha?

– Não, a gente pode riscá-la – disse Thag.

– Que pena! – disse o sargento. – Eu gosto de salsichas, sabe... – mas Thag e o coronel já estavam longe.

– Agora, este camarada aqui tem treze tijolos – disse Thag.

– E ele arrumou tudo bem direitinho em três fileiras de quatro tijolos – disse o coronel.

– Ah, sim, mas sobrou um tijolo, e isso quer dizer que treze não é um divisor perfeito.

– E se ele quisesse fazer três pilhas de cinco tijolos?

– Ele descobriria que tem poucos tijolos para fazer isso. Não há como dividir treze tijolos em grupos menores sem deixar uma sobra.

– Assim sendo, o 13 é um número primo! – disse o coronel, torcendo para que estivesse certo.

– É isso aí, por isso a palavra "presa" é uma das palavras que temos de ler.

– Céus! – exclamou o coronel. – Quais são os outros números primos?

– Os números 2, 3, 5, 7... – começou Thag.

– O 9? – perguntou o coronel.

– Não, porque você pode arrumar nove tijolos em três pilhas de três tijolos. O próximo número primo é o 11, e depois o 13.

– Quer dizer que, lendo esses números primos, a mensagem começa com "Leia os primos. Socorro, eu estou presa...". Caramba! – disse o coronel, ofegante. – É uma emergência!

Dirigindo-se para a sua tropa de valentões, continuou:

– Uma boa notícia, meus camaradas! Fomos chamados para uma emergência. Provavelmente, vai ser tremendamente perigosa e assustadora ao extremo. Suas chances de sobrevivência serão bem pequenas, e, se houver alguma recompensa, será ínfima.

As tropas pareciam não compartilhar do entusiasmo dele.

– Nem uma única salsichinha? – perguntou o sargento.

– Não. Infelizmente tivemos de eliminar a salsicha – admitiu o coronel. – Mas pense na diversão!

Os guerreiros pensaram sobre isso e decidiram que ficar em casa e brincar com aquelas lindas pilhas de tijolos era toda diversão que eles queriam.

MAS ESTÁ CHOVENDO
MEU DEDÃO TÁ DOENDO
...E PLUTÃO ESTÁ NA CASA DE TOURO

– Hum – disse Thag –, vocês sabem onde fica o castelo de Calculus?

– Mas é claro! – disse o coronel.

– Bem, segundo esta mensagem, é lá que a princesa Laplace está presa, num quarto com uma janela rômbica – disse Thag.

– Uma janela rômbica? – perguntou o coronel. – Mas como é que nós vamos descobrir qual é essa janela?

Novamente com aquele sorrisinho fatal nos lábios, Thag disse:

– Isso vai lhe custar mais um pagamento.

Continua...

TEMPO?

Como foi que o tempo começou...

ELES NUNCA VÃO TERMINAR STONEHENGE ATÉ O SOLSTÍCIO DE VERÃO...
OPS, FOI MAL.
TUMP
AAARGH!
O QUE É UM SOLSTÍCIO DE VERÃO?
SSS
SSS
SABE AQUELE TRECO GRANDE, QUENTE E AMARELO QUE APARECE DE UM LADO E DESAPARECE DO OUTRO?
VOCÊ QUER DIZER AQUELE ALI?
CADA VEZ QUE ELE FAZ ISSO, A GENTE CHAMA DE UM DIA.
UM DIA? HUM. BEM BOLADO!
ÀS VEZES, ELE FICA MAIS ALTO QUE NOS OUTROS DIAS. A GENTE CHAMA ESSES DIAS MAIS ALTOS DE SOLSTÍCIO DE VERÃO.
SSS
COMO VAI A FAMÍLIA?
E ISSO ACONTECE SEMPRE, UMA VEZ A CADA 365 DIAS.
SSS

COMO VOCÊ SABE?
EU CONTEI, ORAS!
PIMBA
DEVIA TER UMA PALAVRA BEM LEGAL PARA 365 DIAS.
HUM... DEIXA EU PENSAR.
MAIS UM POUCO.
AHH-NÃOOOO!
OPS, FOI MAL, DE NOVO.
TUMP
UM AHH-NÃOOOO! ESSE VAI SER O NOME DELE.
NHAC

Apesar de parecer meio bobinho, tudo o que tem a ver com o tempo está baseado no nascer e no pôr do sol. Cada vez que o Sol se levanta e se põe, a gente chama isso de um dia, e o tempo que decorre entre dois verões a gente chama de um ano.

Dar nomes diferentes para os dias

Tão logo os dias e os anos foram inventados, alguns espertinhos inventaram a *agenda pessoal*. As agendas de antigamente não se pareciam muito com as modernas, mas elas duravam bem mais. Se você for para o Egito, poderá ver antigas agendas pessoais entalhadas em grandes pedaços de rocha. Não seria muito fácil colocar uma delas no bolso do paletó, mas pelo menos elas não precisavam de baterias e ninguém podia roubá-las. Dá para você imaginar o povo de antigamente andando por aí com suas agendas pessoais?

– Então, meu caro Hipopotamus, vamos almoçar no próximo ano?

– Deixe-me checar o meu pedaço de pedra. Para quando seria?

– Um dia.

– Mas *todos* eles são chamados de dias!

É claro, isso era inútil, e foi por esse motivo que as pessoas pensaram num sistema mais detalhado para dividir o ano.

Os antigos romanos tinham um sistema que era bem parecido com o que nós usamos hoje. Antes de mais nada, eles dividiram o ano em meses, e até hoje alguns dos meses levam nomes de antigos imperadores romanos. Agosto leva o nome de Augusto e julho leva o nome de Júlio César.

Então os romanos deram nomes para alguns dos dias dos meses, e uma das datas mais famosas de antigamente era "os idos de março". Idos era o nome romano para o décimo quinto dia do mês, e numa certa manhã, quando César estava placidamente passeando por Roma, um sujeito pulou na frente dele e gritou: "Cuidado com os idos de março!".

AQUELE AUGUSTO ERA MUITO INVEJOSO!

O imperador pensou que fosse só mais um maluco, mas no 15º dia de março César foi apunhalado por todos os seus ministros, morrendo na mesma hora.

Chamar os dias do mês por números começou a ficar na moda, e em breve todos os dias do ano começaram a ter suas próprias datas, como, por exemplo, "o vigésimo quarto dia de julho" ou "o segundo dia de outubro".

Dividindo o dia

A meio caminho entre o raiar do sol e o pôr do sol, o Sol chega no ponto do céu em que ele fica o mais alto possível. O exato momento em que isso acontece tem diversos nomes – "meio-dia", "doze horas", "hora do almoço" –, mas o nome técnico que se dá para isso é "o meridiano". As pessoas resolveram dividir o dia em duas metades, e os ingleses decidiram chamar de "antes do meridiano" e "depois do meridiano", mas, sei lá por qual motivo, eles fizeram isso em *latim.* A palavra latina para "antes" é "ante", e a palavra para "depois" é "post". Assim, o dia foi dividido em "ante meridian" e "post meridian", que abreviado fica a.m. e p.m. (para os ingleses, é claro! Nós, brasileiros, simplesmente ficamos com "manhã" e "tarde").

Então, por enquanto, dá para você fazer planos na sua agenda pessoal para o próximo meio-dia. Isso é bom quando sua vida é simples e descomplicada. Faça de conta que você é um carneiro, então você pode planejar sua agenda assim:

15 DE JUNHO – MANHÃ
COMER UM POUCO DE GRAMA
15 DE JUNHO – TARDE
CURTIR UM POUCO DE LAMA
16 DE JUNHO – MANHÃ
FAZER UNS "BÉÉÉÉÉS"
BEM BARULHENTOS
16 DE JUNHO – TARDE
CURTIR LAMA ETC.

Por enquanto, tudo bem! Entretanto, imagine você telefonando para a estação e perguntando quando sairá o próximo trem para a Cochinchina. "À tarde" (uma resposta plausível até então) não seria de muita utilidade para você, pois tanto você poderia passar horas sentado na estação esperando como poderia se atrasar alguns minutos e perder o trem. A menos que você seja um carneiro (ou um empregado da estação de trem), o tempo precisa ser um pouco mais preciso.

Para começar, o dia foi dividido em 24 horas e elas foram agrupadas em dois lotes de 12 horas cada um. Isso significava que havia 12 horas na parte da manhã (da meia-noite ao meio-dia) e 12 horas na parte da tarde (do meio-dia à meia-noite). Isso foi muito prático para todas as pessoas, como os padres que queriam planejar as missas do dia e os marinheiros que queriam saber quando teriam de estar acordados ou quando deveriam estar na cama.

Vinte e quatro pode parecer um número estranho de escolher, mas pelo menos dá para dividi-lo com alguma facilidade tanto em metades como em quartos, terços e sextos. Se o dia tivesse 23 horas, seria um osso duro de roer. Imagine como seria a cara de um relógio!

As horas são porções de tempo bem confortáveis, mas infelizmente as pessoas ficam fissuradas e começam a dizer coisas do tipo...

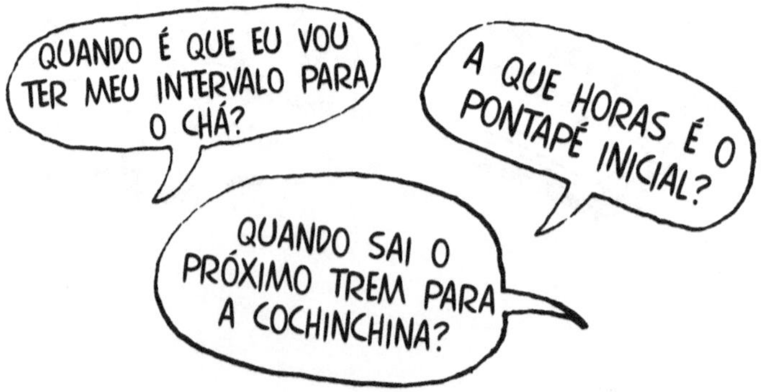
QUANDO É QUE EU VOU TER MEU INTERVALO PARA O CHÁ?
A QUE HORAS É O PONTAPÉ INICIAL?
QUANDO SAI O PRÓXIMO TREM PARA A COCHINCHINA?

Portanto, cada hora foi dividida em sessenta minutos. Sessenta é mais um daqueles números legais, pois dá para dividi-lo com facilidade em tudo quanto é pedaço, do tipo: metades, terços, quartos, quintos, sextos, décimos...

Claro, as pessoas começaram a ficar boas nisso, e então dividiram cada minuto em sessenta segundos, e, para sorte da maioria de nós, essa é a menor porção de tempo para nos preocuparmos.

ACABO DE BAIXAR MEU PRÓPRIO RECORDE EM 0,00037 SEGUNDO!
E O QUE É QUE VOCÊ FAZ COM ISSO?

Como lidar com o tempo

Apesar de existirem ano, mês, dia, hora, minuto e segundo, você não tem de usar todos ao mesmo tempo. Imagine que é seu aniversário e você envia um convite para os convidados, assim:

É MEU ANIVERSÁRIO
Por favor,
Venha para minha festa
No dia
15 de maio de 2010
Às 7 horas, 28 minutos
e 12 segundos da noite

Das duas, uma...

1. Todo mundo vai chegar às 7 horas, 28 minutos e 12 segundos, e vão ficar todos embolados na sua porta.
2. Eles vão achar você meio esquisito e não vão aparecer.

Claro, os segundos são muito curtinhos para você ficar se preocupando, por isso deixe-os de fora. Alguns minutos não importam tanto, então simplesmente diga "sete e meia" ou 7h30. Por outro lado, um ano é tão comprido que é mais ou menos óbvio sobre qual ano você está falando, por isso você também, na verdade, não precisa colocar essa informação.

Quando esses detalhes extras ficam de fora, isso deixa mais espaço no convite para colocar coisas muito mais importantes, como:

É MEU ANIVERSÁRIO
Por favor,
venha para minha festa
No dia
15 de maio, às 7h30
E
Não se esqueça de trazer
um belo presentão

Existem alguns eventos cuja precisão de horário tende a ser dada com mais detalhes. Os astrônomos, por exemplo, são provavelmente as pessoas mais fanáticas a esse respeito. Eles se sentam à frente de seus computadores e gráficos por dias a fio e depois, com muito orgulho, contam que haverá um eclipse total do Sol às 4 horas, 8 minutos e 19 segundos da manhã de 5 de janeiro de 2167. O mais engraçado é que essas mesmas pessoas podem ser muito vagas a respeito de outros tempos, como, por exemplo:

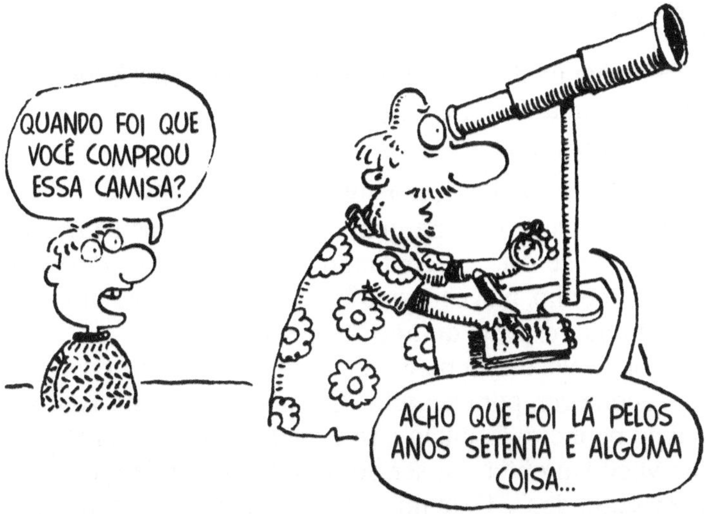
QUANDO FOI QUE VOCÊ COMPROU ESSA CAMISA?
ACHO QUE FOI LÁ PELOS ANOS SETENTA E ALGUMA COISA...

RELÓGIOS

Relógios medem o tempo e ajudam você a responder a qualquer uma das duas perguntas...

1. Que horas são?

2. Quanto tempo leva para alguma coisa acontecer?

Quando você está perguntando "Que horas são?", na verdade você está perguntando sobre o *tempo absoluto*! Isso soa bonito, não é mesmo? Com o tempo absoluto você obtém uma resposta do tipo "três e dez".

Quando você está perguntando quanto tempo leva para algo acontecer, por exemplo "Quanto tempo o tio Toninho fica no banheiro?", então isso é *tempo relativo*! A resposta que você vai obter vai ser do tipo "vinte e três minutos e onze segundos". O tempo relativo não conta para você *quando* o tio Toninho toma o banho dele, mas simplesmente quanto tempo dura.

Tempo absoluto

Aqui vai uma das melhores coisas para saber a respeito do tempo absoluto...

O único relógio que nunca pode mostrar uma hora errada é o relógio de sol. Conforme o Sol se move pelo firmamento, um ponteiro colocado no meio do relógio de sol forma uma sombra, mostrando que horas são. (É claro que se o dia estiver nublado o Sol não vai mostrar nada, mas pelo menos ele não mostrará a hora *errada*.)

Você pode dizer que isso é uma baboseira, mas pense um pouquinho. Imagine que você tem um relógio e ele para, como é que você vai saber como acertar o relógio? Tem algumas coisas que dá para fazer:

1. Olhar as horas num outro relógio.

2. Ligar a telinha e ver se tem algum relógio à vista. Na tela do computador costuma ter um relógio também.

3. Ligar para a telefonista (que é um jeito estupidamente caro de descobrir as horas).

4. Ir para o ar livre, procurar um relógio de sol e esperar o Sol raiar. Depois, olhar as horas.

Claro que os métodos 1, 2 e 3 são bastante precisos e vão lhe informar a hora exata em minutos ou até em segundos. Um relógio de sol somente vai lhe informar a hora de forma imprecisa.

Entretanto... vamos supor que *toda* a eletricidade do mundo pare de repente *e* que todos os relógios do mundo quebrem, tanto os de corda como os operados a bateria. Então qual é o único método que sobra para você saber as horas? Certo, é o antigo mas bom sistema de relógio de sol! Pode ser que ele não seja tão preciso a ponto de informar frações de segundo, mas seguramente ele estará funcionando sem parar pelo menos por mais alguns milhões de anos.

OLHA! ESTE É UM RELÓGIO CARÍSSIMO, COM MULTIFUNÇÕES, À PROVA D'ÁGUA, COM DEZ DIAMANTES. O SOL É QUE DEVE ESTAR ANDANDO MUITO DEVAGAR HOJE.
ACHO QUE NÃO!

A razão pela qual um relógio de sol é tão especial reside no fato de que todos os outros relógios somente podem lhe mostrar quanto tempo passou desde que eles foram ligados. Até mesmo o relógio mais caro do mundo tem de ser regulado quando ele é ligado. E daquele momento em diante tudo o que ele faz é ficar contando os segundos e informando você até onde ele já foi!

Os tipos de relógio da Antiguidade

Os modelos de relógio da Antiguidade não se preocupavam muito com os minutos, eles só conseguiam mostrar, de uma maneira mais ou menos grosseira, que horas eram. Havia muitos tipos diferentes...

Relógio de dar corda. Ainda existem alguns tipos por aí e eles são maravilhosos. Um dos primeiros modelos foi construído há 600 anos e, para funcionar, havia um peso que tinha quase 250 kg! Eles não possuíam o ponteiro de minutos e na verdade alguns deles não tinham nem o ponteiro das horas, eles simplesmente tocavam um sino a cada hora!

Relógio-vela. As pessoas costumavam ter velas especialmente longas, com algumas marcas ao longo delas. Conforme a vela ia queimando, ela ia chegando às marcas, uma a uma, e assim ia indicando quanto tempo já havia passado. O relógio-vela era muito usado pelos monges nas igrejas, para eles se informarem sobre a hora de começar os rituais noturnos.

Relógio-corda. Uma antiga versão chinesa do relógio-vela: eles acendiam uma ponta da corda, cheia de nós, e deixavam que ela se queimasse lentamente.

Ampulheta. Lentamente a areia vai passando do recipiente na parte de cima do vidro para o recipiente na parte de baixo. Assim como o relógio-vela, você tinha de saber a que horas tinha começado a passagem da areia e daí adivinhar quanto tempo ainda faltava para terminar de cair a areia restante.

Relógio de água (ou clepsidra). Uma versão mais inteligente da ampulheta, mas ele usa água em vez de areia. Ele tinha uma grande variedade de tubinhos extras e de sistemas de acessórios inteligentes para ajudar a mostrar as horas.

Qual a precisão dos relógios?

Costumava ser bastante difícil, para os primeiros relógios de que se tem notícia, manter a exatidão do horário, mas cerca de 400 anos atrás foi inventado o pêndulo, que era capaz de ficar balançando de um lado para o outro exatamente na mesma velocidade, e assim ele mantinha o relógio funcionando de modo mais regular.

Depois surgiram os balanceiros sobre mola (espécie de roda que fica se equilibrando sobre uma mola), e eles se revelaram muito úteis para serem usados em relógios. Se você tiver a chance de olhar dentro de um relógio de corda, vai ver uma roda vazada, com uma mola enrolada dentro dela, indo e voltando. Ela tem a mesma função do pêndulo.

Hoje em dia quase todo mundo tem um relógio de quartzo. O quartzo é um tipo de cristal que, quando ligado a uma bateria, emite impulsos elétricos com muita regularidade. O relógio simplesmente conta os impulsos e os converte nos segundos que se passaram. (O cristal de quartzo funciona como um pêndulo, mas 100.000 vezes mais rápido!)

Os relógios mais precisos são os atômicos. Eles são similares aos relógios de quartzo, mas, em vez de usarem um cristal de quartzo, eles contam as vibrações de alguns átomos especiais. Os relógios atômicos são tão precisos que chegam a ser mais precisos que a evolução da Terra. Usando esse tipo de relógio, os cientistas descobriram que há dias que, para dar a volta sobre seu eixo, a Terra leva cinco mil avos de um segundo a mais de tempo do que em outros dias. (Não é de admirar que de vez em quando você fique se perguntando se os cientistas não têm realmente nada melhor para fazer.)

HOJE A TERRA FEZ SUA ROTAÇÃO CINCO MILÉSIMOS DE SEGUNDO MAIS RÁPIDO.
EU ACHEI QUE TINHA ESCURECIDO MAIS CEDO MESMO.

Como é que o relógio mostra as horas?

Existem dois tipos principais de visores de relógio...

• Os antigos modelos de visor de relógio com ponteiros.

• Os relógios "digitais", que simplesmente mostram uma carreira de números.

Não importa qual dos tipos de relógio você possui, ambos têm de mostrar a mesma hora.

Em geral, os relógios não se preocupam em lhe indicar se é manhã ou tarde, porque isso é óbvio. Por exemplo, se um relógio estiver mostrando duas e trinta, e o céu estiver escuro, você pode ter certeza de que são duas e meia da madrugada.

A coisa mais importante no visor de um relógio à moda antiga é o ponteiro das horas (que, em geral, é o menorzinho). O ponteiro das horas se move para a direita, e no final de um dia completo ele terá passado duas vezes por todos os números do visor. Se o relógio só tiver um ponteiro de horas, você só poderá afirmar em qual hora do dia você está.

O relógio que só tem o ponteiro das horas está mostrando que estamos em algum momento da hora que fica entre 1 e 2 horas. Nada muito útil.

O relógio com ponteiros de horas e de minutos está mostrando que se passaram 28 minutos depois da 1 hora. Mais útil.

O relógio que também tem o ponteiro dos segundos está mostrando que faltam 14 segundos para ser 1 hora e 28 minutos. Mais útil ainda.

O relógio com um montão de ponteiros. Absolutamente inútil.

Quando você também tem um ponteiro de minutos, dá para saber quantos minutos daquela hora já se passaram. Com um ponteiro de segundos dá para ser bem preciso, pois dá para saber quanto tempo ainda falta para chegar ao próximo minuto. Se um relógio tem um ponteiro de segundos, sempre dá para saber qual é, pois dá para ver este ponteiro se movendo. (Os outros ponteiros também estão se mexendo, mas devagar demais para você perceber.)

Se você pensa que o ponteiro dos segundos é o mais útil porque ele é o mais preciso, dê uma olhada nisto:

Um relógio que só tem o ponteiro dos segundos. Completamente inútil para mostrar o horário.

Apesar de o relógio que só tem o ponteiro dos segundos ser totalmente inútil para mostrar o *tempo absoluto*, ele é de muita serventia para quando você quer medir o *tempo relativo.* Imagine que você quer saber quanto tempo leva para subir e descer a escada; o ponteiro de segundos pode lhe mostrar esse tempo direitinho. E isso você não poderia ter feito com um relógio de sol!

Os números de um relógio digital funcionam exatamente do mesmo jeito que os ponteiros de um relógio com mostrador.

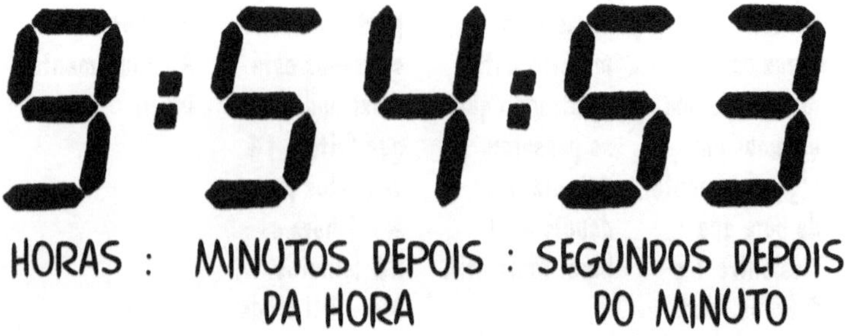
9:54:53
HORAS : MINUTOS DEPOIS DA HORA : SEGUNDOS DEPOIS DO MINUTO

Se existirem só dois números, então é exatamente como o relógio com um ponteiro para a hora e outro para os minutos. Se existirem três números, então o último número estará mostrando quantos segundos se passaram.

Tem duas coisinhas meio complicadas que devem ser observadas quando se trata de relógios:

1. Se já se passaram mais de trinta minutos depois da hora, o tempo pode ser descrito de duas maneiras diferentes. No relógio que acabamos de mostrar, a hora era "nove e cinquenta e quatro". Entretanto, fica muito mais claro se você disser "faltam seis minutos para as dez".

2. Em geral, um relógio digital tem um visor de "vinte e quatro horas". Um visor de vinte e quatro horas serve simplesmente para dizer para você se é manhã ou tarde. Não entre em pânico se você encontrar um relógio que mostre a hora assim: 17:21. Se o número da hora for maior que doze, isto quer dizer que já é de tarde. Então você simplesmente subtrai doze do número da hora e vai saber exatamente que horas são. Um relógio que diz que são 17:21 está simplesmente dizendo a você que já se passaram vinte e um minutos depois das cinco horas da tarde.

Merlock Sholmes e os diamantes da duquesa ou Hora de dizer as horas

– Meus diamantes! – lamentou a duquesa. – Eles estavam nessa caixinha sobre a minha penteadeira, mas agora desapareceram!

– Hum! – disse Merlock Sholmes, o ás dos detetives, olhando ao redor do quarto. – Parece que o ladrão estava com muita pressa e derrubou seu relógio no chão.

– Quem poderia ser tão sem coração a ponto de quebrar um pequeno relógio? – soluçava a duquesa. – Para que ele serve agora?

– Na verdade, para muitas coisas – disse Merlock. – Os ponteiros do relógio não se moveram desde que ele atingiu o chão, por isso ele mostra o momento exato do crime. Eu quero falar com todas as pessoas que porventura tiveram a oportunidade de se esgueirar para dentro de seu quarto.

– Mas poderia ser qualquer pessoa da casa! – retrucou a duquesa. – Oh, não! Eles teriam visto a indecência da minha roupa íntima secando sobre o aquecedor!

Merlock deu uma olhada ao redor do quarto e viu a enorme massa de babado cor-de-rosa que fazia parte de um espartilho, placidamente secando. A duquesa estava certa: a roupa era, sem dúvida, indecente.

Mais tarde, na biblioteca, os empregados da casa e as visitas foram reunidos e policiais uniformizados guardavam a porta.

– Eu preciso checar o que cada um de vocês estava fazendo hoje à tarde – disse Merlock Sholmes.

– Eu estava lá fora no jardim, com a Mil-Folhas, fazendo uma guirlanda de margaridas – sorriu timidamente a Boneca Prímula. – Nós ouvimos o cuco ressoar cinco vezes magnífica e docemente.

– Aquele relógio está sempre quinze minutos adiantado – sussurrou o coronel Ranzinza.

– E onde o senhor estava, coronel? – perguntou Merlock.

– No barracão, polindo meu bacamarte – respondeu. – O pano se enroscou no gatilho e aquela porcaria disparou. De acordo com o meu relógio digital de vinte e quatro horas, isso ocorreu precisamente às 14:46. Alguém deve ter ouvido.

– Ah! Então foi você? – falou Rodney Vulgar, com um sorrisinho de escárnio. – Seu velho tolo!

– E onde mesmo o senhor estava? – perguntou Merlock.

– Calma lá! Você não pode me culpar por isso! – disse Rodney, zombeteiro. – Eu estava jogando baralho com o vigário. Pode perguntar a ele.

MAIS CHÁ?

– A que horas foi isso? – perguntou Merlock.

– Quando olhei para o meu relógio de ouro e diamantes, faltavam quinze para as cinco – disse Rodney. – De qualquer maneira, pare de fazer a gente perder tempo. Eu digo que foi o mordomo.

– Estou ouvindo – grunhiu o coronel.

– Era minha tarde de folga – sussurrou Resmungão, o mordomo. – Levei minha irmã Aggie para a estação e a coloquei no trem das 4h46.

– Bem, um de vocês se esgueirou para dentro do quarto da duquesa durante a tarde e cometeu um ato indigno – disse Merlock. – E, como se isso não fosse o bastante, provavelmente viu as roupas íntimas verdes da duquesa sobre o aquecedor.

– Verdes? Mas eram cor-de-rosa! – ressoou uma voz.

– Ahá! – exclamou Merlock, triunfante. – Eu já suspeitava. Guarda, prenda o ladrão!

Você consegue adivinhar qual dos álibis tinha a hora errada?

Resposta: Se o relógio de vinte e quatro horas do coronel dizia 14:46, então na verdade ele estava polindo o bacamarte dele duas horas antes do horário em que o ladrão deixou o lugar. O coronel deu um álibi errado e se revelou como sendo o ladrão que espionava roupas íntimas.

Como testar sua calculadora

Faça o seguinte cálculo:

12345679 x 9 (não se esqueça de deixar o número 8 de fora)

Vamos ver qual resposta você consegue! *Um* sujeito que tiver *uma* boa calculadora vai achar que este é *um* bom truque.

A BUSCA PELO MELHOR ÂNGULO

...e como não acertar um tiro de canhão em você mesmo

– Não, não, não! – gritou o abade. – Isso não vai dar certo com esses livros!

– Qual o problema? – perguntou o monge.

– Olhe, todos os cantos estão com os ângulos errados!

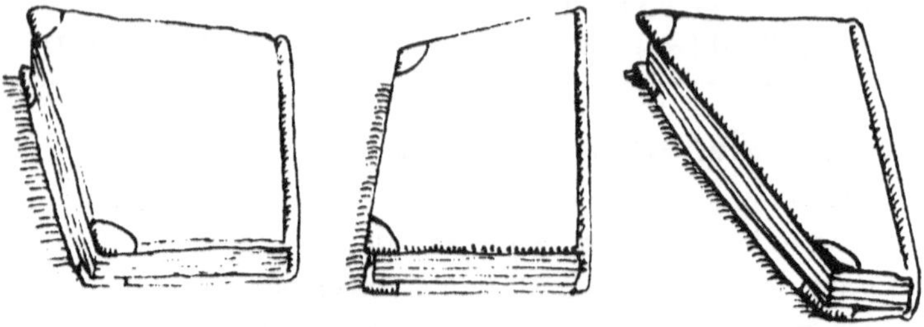

– O que é um ângulo? – perguntou o monge.

– É um jeito de dizer o tamanho dos cantos – disse o abade. – E aqueles cantos ou estão grandes demais ou pequenos demais. Esses livros não vão poder ser agrupados em pilhas arrumadinhas, eles vão cair para fora das prateleiras e as páginas vão ficar abrindo em todos os lugares. Veja, é assim que um livro tem de ser, com todos os cantos iguais.

– Na verdade, todos os cantos estão em *ângulo reto*!

Os outros tipos de ângulo

Por mais estúpida que essa historinha possa parecer, ela explica o significado de um ângulo reto. Ângulos retos são cantos bem certinhos. Se um canto for mortalmente agudo, então ele se chama ângulo agudo, e se ele não for agudo o suficiente, então ele é chamado de ângulo obtuso. Existe nome até para aquele ângulo que vai de dentro para fora: ângulo reflexo.

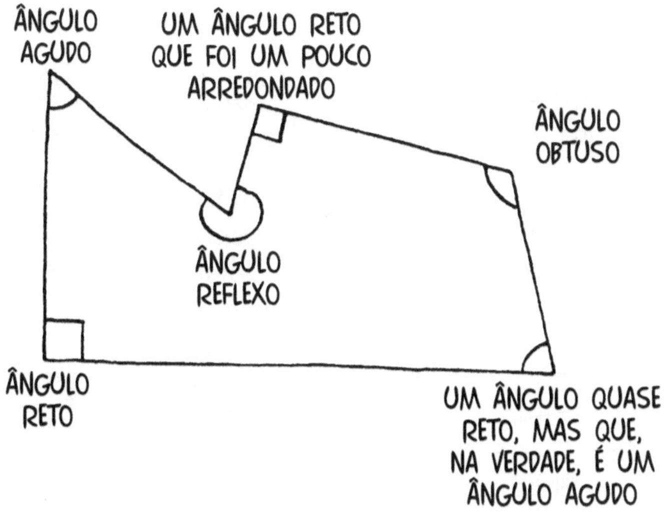
ÂNGULO AGUDO
UM ÂNGULO RETO QUE FOI UM POUCO ARREDONDADO
ÂNGULO OBTUSO
ÂNGULO REFLEXO
ÂNGULO RETO
UM ÂNGULO QUASE RETO, MAS QUE, NA VERDADE, É UM ÂNGULO AGUDO

É fácil lembrar qual é o ângulo *agudo*. Imagine um ângulo muito, mas muito agudo mesmo... como a ponta de uma agulha. Agudo, agulha... captou?

Mas há uma coisa realmente estúpida sobre os ângulos: eles são medidos em "graus". O problema de usar a palavra grau para os ângulos é que o homem do tempo usa graus para dizer quão quente está. Isso pode ter começado – quem sabe? – porque a primeira pessoa a medir os ângulos talvez se chamasse Sr. Grau e quisesse ser famosa.

De qualquer modo, teria sido muito melhor se os ângulos fossem medidos em "curvas" ou em "giros". Você poderia até mesmo inventar sua própria palavra, isso provavelmente seria menos confuso que usar graus. E também evitaria que os professores de matemática ficassem fazendo piadinhas realmente patéticas...

ESTE É UM ÂNGULO DE 100 GRAUS. POR ISSO... AH... CUIDADO PARA NÃO QUEIMAR AS MÃOS! HA! HA! HA!
100°
ESSE CARA É MUUUITO SEM GRAÇA.

Os graus são realmente muito fininhos, e existem exatamente 90 graus num ângulo reto. A bem da verdade, se você tivesse 90 ângulos de um grau cada um, e colocasse todos juntinhos, você teria construído um ângulo reto.

ALGUNS ÂNGULOS BEM FININHOS

OPS!
EI! OLHE ONDE PISA!

90 ÂNGULOS DE UM GRAU, COLOCADOS JUNTOS

Somando ângulos

Pois bem, dê uma olhada no que acontece quando você coloca dois ângulos retos juntos.

DOIS ÂNGULOS DE 90 GRAUS

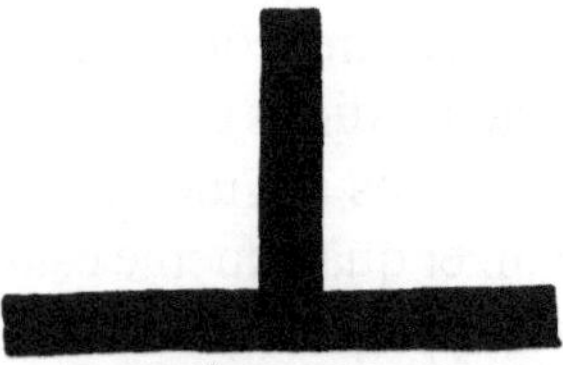

DOIS ÂNGULOS DE 90 GRAUS JUNTOS

O resultado é uma linha reta! Na verdade, se você realmente quisesse dar um banho de cultura no povo, poderia dizer que uma linha reta é, na verdade, um ângulo de 180°. (É tão chato ficar escrevendo "graus" o tempo todo, então o povo acostumou a escrever ° no lugar dele.)

Tão estranho quanto possa parecer, o número 180° é muito interessante. Os triângulos sempre têm três cantos e a soma desses cantos sempre dá 180°. E isso é uma coisa que dá para provar *sem precisar fazer um montão de contas chatas*! Tudo o que você precisa é de um pedaço de papel e uma tesoura.

1. Pegue o papel e recorte um triângulo. Qualquer forma de triângulo vai servir, mas não se esqueça de deixar as laterais bem retinhas.

A
B
C

2. Corte fora os três cantos do seu triângulo.

A
B
C

3. Agora coloque todos juntos, do jeito que mostra a figura a seguir.

C
A
B

4. Dê pulinhos de alegria, com gritinhos de júbilo.

– Veja! Tem uma linha reta na base e uma linha reta é igual a 180°, então a soma dos três ângulos é igual a 180°.

(Por falar nisso, você ainda está esperando para descobrir como é que vai conseguir não dar um tiro de canhão em você mesmo? Ora, vamos desvendar esse mistério num minuto, mas neste meio-tempo não saia por aí disparando canhões, certo?!)

De qualquer modo, agora você sabe que os ângulos internos dos triângulos têm 180°. E os quadrados? Olhe este livro: ele tem um jeitão bem quadradão, mas o mais importante é você observar que ele tem quatro cantos e quatro lados. (Coisas chatas, ou seja, planas, sempre têm o mesmo número de cantos e de lados.) Se uma forma tem quatro lados retos, os ângulos somam *dois* lotes de 180°; portanto, 360°. O que você acha que isso significa, hein? Bem, faça a mesma coisa que foi feita para os triângulos... recorte uma forma com quatro lados retos. (Se quiser, você pode simplesmente recortar um triângulo e depois tirar um dos cantos.) Novamente pegue os cantos, junte-os e veja o que acontece! O resultado tem de ser alguma coisa parecida com isto:

Eles se encaixam direitinho, sem deixar nenhum vão entre eles! Isso funciona até com uma forma que tenha um ângulo reflexo.

O fato é que não importa muito quantos cantos tenha uma forma, sempre dá para descobrir, com facilidade, quanto é a soma dos ângulos. Simplesmente dividindo a forma em triângulos, desenhando linhas entre os cantos. (Só não vale desenhar linhas cruzadas.)

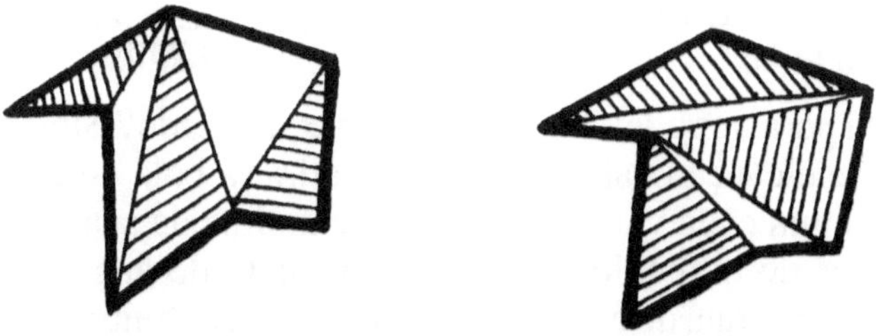

Olhe essa forma com sete cantos. Você pode ver que ela foi dividida em triângulos, de duas maneiras diferentes, mas em ambas foram desenhados cinco triângulos. E, porque cada triângulo tem 180°, os cinco triângulos juntos têm 5 x 180° no total (que é igual a 900°), e este é o valor da soma dos ângulos de uma forma de sete cantos. Claro, se você não gosta de ficar dividindo as coisas em triângulos, não esquente, conte o número de cantos, subtraia dois e multiplique o resultado por 180°. O resultado será a resposta.

A questão do canhão

Tá bem, tá bem, então o que tudo isso tem a ver com canhões? Bem, quando você dispara um canhão, tem de calcular a *elevação* do cano do canhão, que é um jeitinho bem charmoso de dizer qual vai ser a altura a que ele estará apontando. A elevação é medida em graus. Uma elevação de zero grau significa que o canhão vai estar apontando para a frente, paralelamente ao chão. Aqui estão algumas elevações:

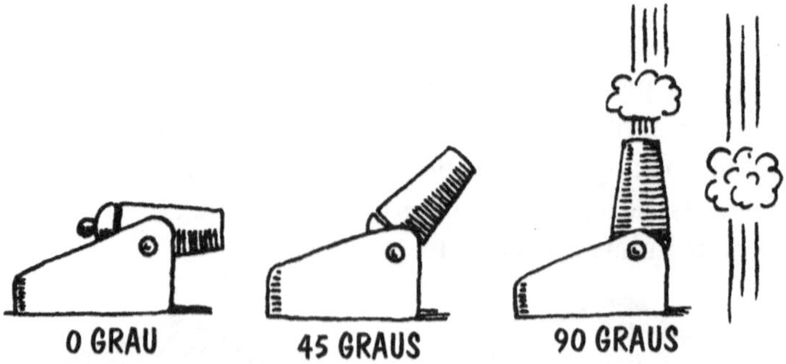
0 GRAU
45 GRAUS
90 GRAUS

Dá para ver qual deles *nunca* deve ser usado? Sim, o de 90° de elevação vai simplesmente atirar a bola do canhão para cima e ela vai aterrissar bem em cima de sua cabeça. Apesar de o ângulo de 90° ser chamado de ângulo reto, quando se trata de canhões o ângulo reto é, definitivamente, um ângulo *torto*.

E DAÍ, PARA QUE TODO ESSE FUZUÊ?

Um daqueles velhos truques

- Escreva um número de três dígitos. Os dígitos têm de ser diferentes.

PRONTO, JÁ ESCREVI...
671

• Agora inverta o primeiro número com o último.

ENTÃO FICA ASSIM
176

• Subtraia o número menor do maior.

FÁCIL
671 - 176 = 495

• Escreva a resposta na ordem invertida.

ASSIM
594

• Pegue os dois novos números e some-os.

ENTÃO, 495 + 594 =

• Sua resposta é 1089!

1089
PUTZ! COMO É QUE VOCÊ FEZ ISSO?

Se você quiser tentar esse truque com seus amigos, antes de começar anote "1089" num pedaço de papel e coloque-o sobre a mesa, de cabeça para baixo. Com qualquer número de três dígitos que eles usarem, você poderá deixá-los assombrados sempre que mostrar a resposta!

ATENÇÃO: De vez em quando a resposta poderá ser 198. Nesse caso, diga para a pessoa novamente escrever a resposta na ordem invertida (891) e depois somar os dois juntos: o resultado é 1089!

OS DURÕES DA MATEMÁTICA

Como distinguir os matemáticos das pessoas normais? Aqui vai um guia...

HA
HA
HA
Mapas
Lista Telefônica

- Eles ficam babando quando veem um catálogo telefônico.
- Em geral, por mera casualidade, uma das pernas das calças deles sempre fica enfiada na meia.
- Mesmo quando o cabelo é deles, sempre parece que eles estão usando peruca.
- Eles nunca entendem as boas piadas, mas dão ruidosas risadas de coisas malucas como móveis, guias de estradas e vidros de xampu.
- Eles sempre têm pedacinhos do jantar da véspera grudados no queixo.
- Eles ficam encarando a telinha quando ela não está ligada.

E a mais óbvia de todas...

- Eles usam sapatos de camurça marrom com cordões pretos.

Sim, um ou mais desses sinais são um indício claro de *de-volução*, mas as coisas nem sempre foram assim. Na verdade, nos últimos 5 mil anos alguns matemáticos figuraram entre as pessoas mais geniais da história!

Os druidas

As pessoas de antigamente podiam ser intimidadas com facilidade por qualquer um que demonstrasse ter um pouquinho de miolos. Particularmente, as mudanças das estações e as fases da Lua eram muito importantes para elas, por isso, se você pudesse prever quando o inverno chegaria, ou, melhor ainda, quando haveria um eclipse, e vivesse naquela época, você estaria feito na vida.

Cerca de 5 mil anos atrás foram construídas estranhas estruturas de pedra em forma de círculo, e uma das teorias diz que elas serviram para ajudar os matemáticos da época a calcular esse tipo de coisa. Não é surpreendente que eles fossem considerados mágicos, com poderes extraordinários. Eles devem até ter feito sacrifícios para o Sol e para a Lua, fato este que comprova que... os matemáticos podiam escapar ilesos até de assassinatos!

BEEEM... A GENTE TEM DE FAZER ALGUNS SACRIFÍCIOS NA VIDA, CEERTO?!?!
NÃO POSSO SIMPLESMENTE COMER UM PÃOZINHO A MENOS NO CAFÉ DA MANHÃ?

Tales

Na Grécia antiga, a matemática era tão popular quanto a música popular e os esportes são hoje. Algumas competições ocorriam, e o objetivo delas era provar e desenvolver teorias básicas. Lá pelos idos de 550 a.C., Tales, um magnata do setor de azeite de oliva, tornou-se um astro popular por ter enunciado alguns dos fundamentos básicos. Será que isso significa que ele era um chato de galocha? Não exatamente... Olha só: para celebrar uma de suas descobertas, ele saiu por aí e *sacrificou um touro para os deuses*! O pobre touro ficou na pior depois que Tales descobriu que qualquer ângulo de um semicírculo é sempre um ângulo reto.

OPS!
90°
90°
90°

Pitágoras

Pitágoras veio depois de Tales e fundou um culto religioso, que adorava números, da matemática. Havia muitas regras a serem seguidas por seus discípulos, e havia uma que dizia que não poderiam jamais comer feijão!

UAU!!!
QUE FEDOR!!

AS NOTÍCIAS OLÍMPICAS

(AINDA) POR APENAS UMA MOEDA DE OURO

PITÁGORAS CONCLAMA A TOTAL PROIBIÇÃO DO FEIJÃO. VEJA NA PÁG. 2.

PUXA, QUE FEDOR!

FOI REVELADO HOJE QUE, DEPOIS DE TER SIDO SUBMETIDO À PROVA DO FEIJÃO, O EXAME DE UM CAMPEÃO OLÍMPICO COM SALTO DE VARA DEU RESULTADO POSITIVO. MAIS TARDE, ELE ADMITIU TER COMIDO OITO PRATADAS PARA AJUDÁ-LO A QUEBRAR O RECORDE OLÍMPICO DE SALTO COM VARA "SEM VARA".

SALTO COM VARA ONTEM

Pitágoras fez várias coisas legais, inclusive descobriu como funciona a harmonia na música, mas o seu grande sucesso foi provar que...

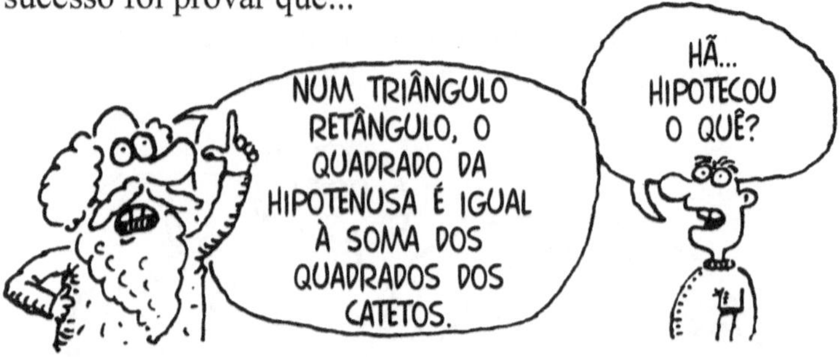
NUM TRIÂNGULO RETÂNGULO, O QUADRADO DA HIPOTENUSA É IGUAL À SOMA DOS QUADRADOS DOS CATETOS.
HÃ... HIPOTECOU O QUÊ?

É mais fácil entender o significado se olharmos a figura a seguir.

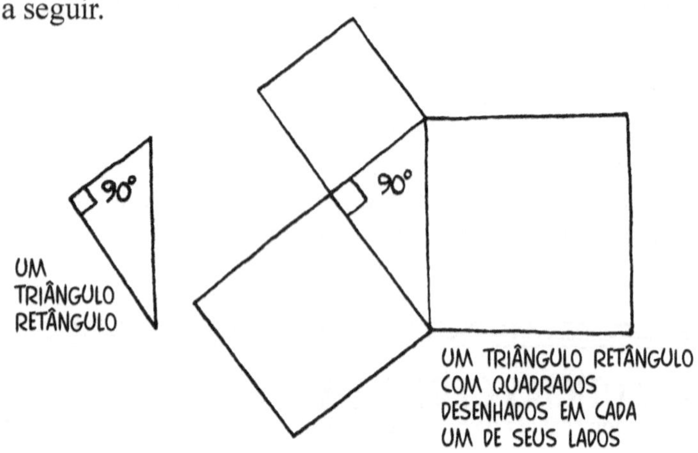
90°
UM TRIÂNGULO RETÂNGULO
90°
UM TRIÂNGULO RETÂNGULO COM QUADRADOS DESENHADOS EM CADA UM DE SEUS LADOS

Um triângulo retângulo é qualquer triângulo que tenha um ângulo reto (de 90°) e a "hipotenusa" é o lado mais comprido, que fica sempre do lado oposto ao ângulo reto.

O que Pitágoras está dizendo é que, se desenharmos um quadrado em cada lado do triângulo, a área total dos dois quadrados menores será exatamente a mesma do quadrado grande. Parece meio estúpido, não é? Mas não é não: esse teorema ajuda as pessoas a construir pontes e arranha-céus. Ajuda até na hora de fazer campos de futebol!

Pitágoras e seus seguidores eram tão desenfreadamente apaixonados por números que chegavam à beira da piração. Eles decidiram que todos os números pares eram do sexo feminino e que todos os números ímpares eram do sexo masculino, exceto o número "1", que era o pai e a mãe de todos os números...

PAPAI!
MAMÃE!
HUM... OI, CRIANÇAS!

...mas, quando se descobriu que alguns problemas não poderiam ser resolvidos com os numerozinhos deles, eles ficaram tão enfurecidos que tentaram provar que aquilo tudo não era verdade...

Guerras matemáticas

Difícil acreditar, não é mesmo? Mas é verdade: as pessoas discutiam e até mesmo lutavam para ver quem tinha as melhores teorias e provas.

NO CANTO VERMELHO, A IRMANDADEEE PITAGÓRICAAAAA!
E, NO CANTO AZUL, A ESCOLA DE FILÓSOFOOOS EEELEEEEÁTICAAAAA!

Pitágoras e sua gangue eram muito espertos. Mas havia outros, como os Eleáticos, por exemplo, que não resistiam à tentação e ficavam tentando encontrar problemas que, no final, não conseguiam resolver. O herói dos Eleáticos era Zeno, que adorava ficar inventando paradoxos, que são coisas que *parecem* ser verdadeiras, mas *não podem* ser verdade.

O paradoxo de Zeno: a tartaruga e o corredor

Um corredor pode se mover dez vezes mais rápido que uma tartaruga. Entretanto, se a tartaruga começar a correr um quilômetro à frente do corredor, o corredor nunca conseguirá alcançá-la! Pense sobre isso...

UM QUILÔMETRO

O corredor corre um quilômetro... mas nesse meio-tempo a tartaruga também se moveu um décimo de quilômetro, por isso a tartaruga ainda está um décimo de quilômetro à frente do corredor.

UM DÉCIMO DE QUILÔMETRO

Então o corredor corre aquele um décimo de quilômetro a mais... mas a tartaruga também se moveu um pouquinho mais.

UM QUASE NADA DE UM QUILÔMETRO

O corredor corre o próximo pouquinho, mas enquanto ele faz isso a tartaruga também se move, só um pouquinho... e assim por diante. Mesmo que a distância entre eles seja muito pequena, *o corredor nunca vai alcançar a tartaruga.*

DE VOLTA PARA CASA

Claro que nós sabemos que o corredor pode alcançar a tartaruga, mas é muito difícil provar!

Euclides

O legal, quando pessoas muito cabeça ficam discutindo, é que isso faz com que elas pensem mais ainda, e com isso acabam criando coisas incrivelmente interessantes. Por volta do ano 300 a.C., outro carinha da Grécia, chamado Euclides, fez uma coleção com as melhores provas e teorias daquelas gangues mais antigas e juntou tudo num livro chamado *Elementos*, que acabou se transformando num dos livros mais famosos do mundo.

ELEMENTOS

O próprio Euclides, que era meio fã de Pitágoras, criou algumas teorias exclusivas, entre elas uma prova bem porreta de que os números primos são ilimitados. *Elementos* continha quase tudo o que valia a pena saber sobre os fundamentos básicos da matemática, e ele acabou por ser o inspirador da próxima leva de grandes matemáticos, incluindo...

O impressionante Arquimedes

Arquimedes faz parte da galeria dos eternamente famosos. Para você perceber quão genial ele era, é só lembrar que seu material de trabalho era um lápis, uma régua e um compasso. Naquela época não existia nem um sistema de escrita de números decente, muito menos de cálculo! Aqui estão algumas das coisas geniais que ele inventou...

Sistema de alavancas gigantes. Elas eram tão incríveis que o povo de sua cidade natal, Siracusa, na Sicília, usou as alavancas para acabar com os navios inimigos! Arquimedes percebeu que o poder das alavancas era tão grande que uma vez ele proclamou: "Dê-me um ponto de apoio e eu moverei a Terra".

OPA!

A espiral de Arquimedes. Ela se parece com um cano enrolado que, quando girado, faz com que, aparentemente, a água suba montanha acima!

Calculadora de areia. Um grande sistema numérico. Na época não existia um jeito bom de escrever números grandes, então ele inventou um. Usava a miríade como unidade básica, que na verdade vale 10.000. Ele dizia que uma miríade de

miríades (que é 100 milhões) é "a primeira ordem dos números". Então ele pegou e multiplicou uma miríade de miríades por ela mesma, uma miríade de miríades vezes (isso está começando a ficar um número realmente *muito* grande), e aí ele multiplicou o resultado por uma miríade de miríades de vezes. Se você quisesse escrever a resposta em algarismos, teria de escrever o número "1" seguido de *oitenta mil bilhões de zeros*! Arquimedes disse que esse número era "bem adequado".

...UMA MIRÍADE DE MIRÍADES E UM, UMA MIRÍADE DE MIRÍADES E DOIS...
FALA SÉRIO! TEM UM DOIDO VARRIDO ALI, CONTANDO AREIA.
BAAAAAHHH!

Catapultas gigantes. Elas também foram usadas pela armada de Siracusa para esmagar as forças inimigas.

POING
JERÔNIMO!

Uma arma de raios solares! Diz a lenda que ele arquitetou um conjunto de espelhos que podia direcionar os raios do Sol para os barcos inimigos e fazê-los pegar fogo.

ESPELHO
LENTE
INIMIGO

Ideias luminosas numa... banheira! Apesar de sua capacidade brilhante, provavelmente o fato que tornou Arquimedes mais conhecido foi ele ter pulado para fora de sua banheira e ter saído correndo pela rua, totalmente peladão, gritando "Eureca!".

EURECA!
EURECA!
ENGRAÇADINHO!
NÃO ESTÁ TÃO
QUENTE ASSIM!

Na verdade, "Eureca" significa "Eu descobri!", mas o que foi que ele descobriu? Lembre que logo no começo do livro você encheu uma banheira com água e entrou nela – bem, é sobre isso que estamos falando...

Naqueles dias, o rei desconfiou que a nova coroa dele não era de ouro puro e então ele pediu para Arquimedes tentar descobrir. Dentro de sua banheira, Arquimedes descobriu que, quando você coloca um objeto dentro de um recipiente cheio de água, a quantidade de água que transborda é correspondente ao tamanho do objeto. Ele pesou a coroa, mas, quando a colocou dentro da água, descobriu que a coroa era maior do que deveria ser se tivesse sido feita de ouro puro. Isso aconteceu porque uma prata mais leve e mais barata havia sido usada no lugar do ouro. Isso foi uma notícia e tanto para Arquimedes, mas uma *péssima* notícia para o ourives trapaceiro.

Já que aquela banheira era dele, Arquimedes continuou descobrindo mais um montão de fatos sobre como e por que as coisas flutuavam ou afundavam. Se ele tivesse escapado do banho de banheira e tivesse tomado só uma chuveirada, pode ser que a gente nunca ficasse sabendo como projetar navios transatlânticos e submarinos.

A
PENSA PENSA
PENSA

O triunfo da esfera

O invento pessoal preferido de Arquimedes não era sua catapulta mortal ou alguma de suas máquinas engenhosas, mas sua pequena equação assassina:

$Vs = 4\,\pi\,r^3/3$

Essa equação serve para calcular o volume exato de uma esfera. Uma esfera é uma forma redonda como uma bola. O pequeno "r" na equação é o raio da esfera, que é a distância entre o ponto central e a borda. O sinalzinho divertido "π" é chamado de pi e é mais ou menos igual a 3,14.

O que Arquimedes fez foi provar que o volume da esfera é exatamente dois terços do volume do cilindro circunscrito. Ou, em outras palavras, se você tivesse uma bola sólida que coubesse justo dentro de uma lata (de refrigerante, por exemplo), a bola ocuparia exatamente 2/3 do volume da lata.

Ele tinha tanto orgulho dessa sua descoberta que chegou até a pedir que um pequeno símbolo com uma esfera dentro de um cilindro fosse colocado na lápide do próprio túmulo.

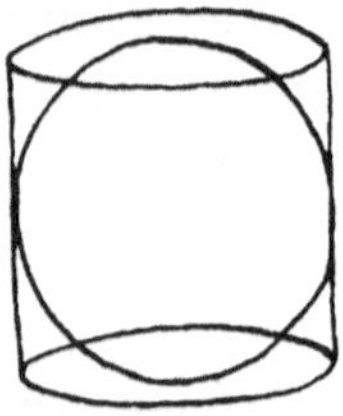

Mas mesmo com todas as suas máquinas de guerra monstruosas defendendo a cidade, numa noite, enquanto todos estavam numa festa de arrasar, os romanos conseguiram invadir a cidade. Muitos dos moradores foram assassinados, mas o general Marcellus, um dos romanos, tinha dado uma ordem expressa para que o velho Arquimedes, de 75 anos de idade, fosse poupado. Infelizmente, um soldado encontrou nosso herói rabiscando na areia, e Arquimedes disse a ele "não atrapalhe os meus diagramas!"; o soldado acabou matando Arquimedes.

O fim horripilante dos gregos!

Apesar de Arquimedes ter vivido na Sicília e ter sido educado no Egito, na verdade ele era grego. Depois de sua morte, os romanos conquistaram o império grego, e a matemática saiu de moda. Algumas pessoas bem que gostavam, mas elas não eram muito encorajadas. Uma das últimas representantes foi uma mulher inteligente chamada Hipatia, que costumava atrair enormes audiências para as suas palestras em torno do ano 400 d.C.

ENTÃO... SE VOCÊ JOGAR TRINTA CRISTÃOS PARA SETE LEÕES, QUANTOS VÃO SOBRAR?
EU VIVO DIZENDO A ELA: "HIPATIA, QUALQUER HORA OS CRISTÃOS VÃO FICAR CHATEADOS COM VOCÊ".

Infelizmente, os cristãos achavam que ela era pagã e decidiram que os simpatizantes dela precisavam de um desencorajamento. Um dia ela foi arrancada de sua biga e arrastada até a igreja, onde "a sua carne foi desossada com conchas de ostra afiadas e seus membros, ainda trêmulos, foram atirados às chamas".

Você nunca imaginou que ser uma professora de matemática poderia ser tão perigoso, não é mesmo?

A máfia da matemática

Um dos últimos matemáticos gregos da Antiguidade foi Diofanto, e ele foi apelidado "O Pai da Álgebra". Álgebra é um jeito especial de apresentar os quebra-cabeças da matemática que têm um ou mais números misteriosos para você descobrir. Os números misteriosos são indicados por letras (a letra "x" é muito popular). Alguns deles são supersimples, mas outros, supermortíferos.

Aqui vão algumas equações algébricas com seus diferentes nomes. Não esquente! Você não tem de resolvê-las agora, a não ser que você queira muito.

HUMM MMM
HUUMM HMMM MM
MMMM HUMMM*
* NÃO, OBRIGADO, EU PREFIRO MASCAR UMA LESMA.

• Uma equação algébrica muito simples: $x = 6 + 2$

Esta é uma equação LINEAR. Dá para ver que o x é igual a oito? Superfácil!

• Um pouquinho mais difícil: $2x^2 + 3x = 27$

O x^2 significa que esta é uma equação QUADRÁTICA (ou do segundo grau).

• *Bem* mais difícil: $5x^3 + 7x^2 + 2x = -16$

O x^3 significa que esta é CÚBICA.

• Tenha dó! $3x^4 - 5x^3 + 9x^2 + 2x = 43$

O x^4 significa que esta é DO QUARTO GRAU.

• Lavagem cerebral completa: $3x^5 + 41x^4 - 2x^3 - x^2 + 7x = 3$

O x^5 significa que esta se chama... "ARGH! Acho que estou me sentindo mal!"

AAAARGH!

Mais de mil anos depois da morte de Diofanto, a álgebra começou a deslanchar realmente, na Itália. Uns carinhas bem mal-encarados, incluindo cortadores de gargantas e ladrões de baralho, desenvolveram um grande interesse em resolver quebra-cabeças de álgebra cada vez mais difíceis. Eles gostavam de se gabar, de mostrar como eram sabidões, promovendo competições, e não raro eles apostavam dinheiro no cara que eles achavam que poderia resolver as questões – do mesmo jeito que nas lutas de boxe, hoje em dia.

OK, CAMPEÃO, DEIXA ELE SAIR COM UMA EQUAÇÃO LINEAR E, ENTÃO, ACERTA ELE COM UMA COMBINAÇÃO DE QUADRÁTICA + CÚBICA

Teve até uma competição entre um homem chamado Fior e outro apelidado "Tartaglia", que significa "o mais gago". (Sem surpresas, sinceramente: quando ele ainda era garoto, alguém abriu caminho com uma espada no céu da boca dele!) Eles davam uns cálculos bem difíceis um para o outro, e finalmente Tartaglia venceu. Ele não só ficou com o dinheiro, mas também descobriu um método para resolver uma grande variedade de equações algébricas difíceis (as equações *cúbicas*).

Logo depois disso, ele foi abordado por Girolama Cardano, que deve ter tido um caráter realmente duvidoso. Entre outras coisas, ele era astrólogo, médico, autor, jogador, amigo do papa e pai de um assassino. Cardano persuadiu Tartaglia a revelar seu método secreto e, quando conseguiu, imediatamente correu e publicou tudo num livro. O mesmo livro incluía um jeito de resolver uma equação quadrática ainda mais difícil, inventada por Ludovico Ferrari.

Finalmente... um matemático insano?

Até então, todo mundo que tinha estado envolvido com a matemática parecia gente bem durona ou gente que tinha chegado a feitos dúbios, ou ambos. Mas acabamos de encontrar o tal Ludovico Ferrari, o homem que forjou a equação do quarto grau.

A quantidade de potencial cerebral necessária para entender a equação do quarto grau é enorme, mas resolver a equação requer ainda duas vezes mais. Por isso você pode estar pensando que o tal de Ludovico Ferrari era um cara baixinho e tímido, com um bigodinho ridículo, que sempre levava sua tiazinha para as compras.

Errado! Ludovico costumava beber, jogar, falar palavrão e brigar, e no fim ele foi envenenado até a morte pela própria irmã.

ÚLTIMAS PALAVRAS DO LUDOVICO

AQUELA PORCARIA DE MACARRÃO ESTAVA MESMO COM UM GOSTO ESTRANHO.

Outras figurinhas difíceis

Há um montão de outros carinhas estranhos que foram matemáticos famosos. Você já ouviu falar do livro *Alice no País das Maravilhas*? É brilhante e divertido, mas um tanto maluco! Pois é, foi escrito por um homem que se autodenominava Lewis Carroll, mas neste momento você não vai ficar surpreso ao saber que o nome dele era Charles Dodgson e que ele era um matemático de Oxford. O cara era especialista em lógica e morreu cerca de cem anos atrás. (Talvez você tenha ouvido falar do chá do Chapeleiro Louco, ou de Chico Bum e seu parceiro Chico Bam, ou até mesmo da Rainha de Copas, que gritava o tempo todo "Cortem a cabeça dela!". Foi Lewis Carroll que inventou todos eles!)

E que tal o adolescente francês Evaristo Galois? Um pouco antes de morrer, aos vinte anos, ele rascunhou algumas teorias de álgebra que havia bolado, e anos mais tarde as pessoas perceberam que ele era um astro da matemática. Entretanto, ele costumava ser reprovado nos exames, brigava com os professores e chegou até a ser trancafiado por ameaçar o rei. Ele morreu em 1832, num duelo por causa de uma mulher. Mortífero, não?

QUANDO AQUELE VIZINHO DA MARIANA MORREU NUM DUELO, ELA RECEBEU UMA CARTA DE AMOR... QUE PORCARIA É ESSA?!!

A lista de caracteres dúbios na matemática é longa, mas enumerar todos eles faria deste um livro muito esquisito, então vamos virar a página.

O resgate continua

Enquanto isso, no castelo de Calculus, coisas horríveis estavam acontecendo. Lá no alto da torre, a princesa Laplace estava presa e sendo forçada a contar até o *infinito*. As coisas não iam nada bem...

"...Trezentos e trinta e nove milhões, quatrocentos e vinte e oito mil novecentos e cinquenta e nove. Trezentos e trinta e nove milhões, quatrocentos e vinte e oito mil novecentos e sessenta. Trezentos e trinta e nove milhões, quatrocentos e vinte e oito mil novecentos e sessenta e um..."

Pobre princesa, ela mal tinha começado. Lá fora, os Guerreiros Vetores Valentes olhavam ao redor, sem entender.

TREZENTOS E TRINTA E NOVE MILHÕES, QUATROCENTOS E VINTE E OITO MIL NOVECENTOS E SESSENTA E DOIS...SUSPIRO...

– Podemos ouvir a voz dela – disse o sargento –, mas não sabemos de onde vem.

– A mensagem sugeria a janela rômbica – disse o coronel.

– Qual será? – perguntou o sargento. – Cada uma delas tem um formato diferente.

Todos eles se viraram para Thag.

– Vocês têm certeza de que podem bancar o décimo quinto pagamento? – perguntou ele.

– Claro, são apenas centavos! – disse o coronel.

– Bem razoável – disse Thag. – O rômbico tem quatro lados do mesmo comprimento.

Todos os guerreiros se viraram para examinar as janelas.

– Você quer dizer um quadrado – disse o coronel, olhando uma ampla janela quadrada na base da torre. – Aquilo tem quatro lados do mesmo comprimento.

– Sim, um quadrado é um tipo de rômbico – admitiu Thag, mas, antes que ele pudesse continuar, o coronel já havia se virado para seus homens.

– É isso aí, rapazes! – gritou ele. – Hora do resgate. Atacar!

– Taran-tarrah! – os Guerreiros Vetores Valentes gritaram todos juntos e se arremessaram para a grande janela quadrada.

– Ai, ai, ai! – foi o que todos gritaram juntos, conforme uma rajada de cálculos diferenciais concentrados explodia sobre eles, uma vez que esta é a matemática mais mortífera jamais inventada.

AI! AI! AI!
AAARRRGH!

– Com os diabos! – resmungou o coronel. – O barão Calculus colocou uma armadilha estúpida na janela rômbica.

– Não se preocupe – disse Thag. – Um quadrado é somente um tipo de rômbico. A maioria dos rômbicos são um tanto diferentes.

Assim dizendo, ele pegou quatro pedaços de pau e os amarrou juntos para fazer um quadrado.

– Se todos os lados são do mesmo comprimento, então tem de ser um quadrado – resmungou o coronel.

– Não, não tem – disse Thag enquanto ia empurrando dois cantos opostos do seu modelo na mesma direção. – Com que isso se parece?

– Com um losango! – disse o coronel. – Você está certo, os lados ainda têm o mesmo comprimento! Atacamos a janela errada.

– Viva! – gritaram os Guerreiros Vetores, achando que precisavam se animar com alguma coisa, por menor que fosse.

– Estou vendo a janela em forma de losango – disse o sargento –, mas ela fica lá no alto da torre.

– Procurem uma escada bem comprida – disse o coronel.
– Quão comprida você quer que ela seja? – perguntou o sargento.
– Só para o período da tarde – disse o coronel.
– Não – disse o sargento, meio confuso. – Eu quero dizer, quão comprida em tamanho?
– Sei não – disse o coronel. – A gente precisava saber a altura da torre, mas tudo o que a gente tem é uma fita métrica.
– Eu fico segurando a fita aqui no chão e você sobe pela parede até lá, segurando a outra ponta – gritou um dos guerreiros.
Uma risada escrachada se seguiu, porque os Guerreiros Vetores tinham um senso de humor daqueles.

HA
HA
HA
HA
AH, NÃO FOI TÃO LEGAL ASSIM.
HA
HA
HA
HA
HA
HA

– Eu sei como você pode medir a torre – disse Thag, o Matemágico –, mas...
– Já sei, já sei, vai me custar o décimo sexto pagamento – disse o coronel.
– Você tem certeza de que pode pagar? – perguntou Thag.
– Bah, são só alguns centavos! – disse o coronel. – Além do mais, você tem certeza de que pode escalar esta parede?
– Isso não será necessário – disse Thag com uma risadinha marota.
Continua...

Como vencer a calculadora!

Pegue um amigo com uma calculadora e peça para ele digitar um número qualquer de três dígitos e dizer para você qual é o número. Então, o mais rápido que puder, ele tem de...

- Multiplicar o número por 7
- Multiplicar a resposta por 11
- Multiplicar a resposta por 13

Não importa quão rápido ele tente fazer a conta, você será capaz de escrever a resposta primeiro!

421421

Tudo o que você tem a fazer é escrever o número original duas vezes! Então, se o número original é 838, você escreve 838838... e essa será a resposta!

O QUADRADO MÁGICO

Tem um monte de truques legais para fazer com números, e o quadrado mágico é um dos mais antigos. Temos aqui um quadrado mágico bem simples, para começar:

8	1	6
3	5	7
4	9	2

Os números de 1 a 9 foram organizados de modo que a soma de qualquer linha reta de três números terá sempre o mesmo resultado: 15. Funciona para todas as linhas horizontais, verticais e diagonais. Aqui tem um outro quadrado mágico, ainda melhor:

8	11	14	1
13	2	7	12
3	16	9	6
10	5	4	15

Esse quadrado usa os números de 1 a 16, e o número mágico é 34. Dá para ter 34 como resultado se...

- Somar qualquer linha reta de quatro números (horizontal, vertical ou diagonal).
- Somar os quatro números dos cantos.
- Somar os quatro números do meio.
- Dividir o quadrado em quatro quartos e somar os quatro números de qualquer um dos quatro quartos! (Por exemplo: o quarto inferior esquerdo seria 3 + 16 + 10 + 5 = 34.)

- Remover os quatro números do meio e remover os quatro cantos. Some os números que ficaram dos dois lados (13 + 3 + 12 + 6) ou os números que ficaram no topo e na base (11 + 14 + 5 + 4). Qual o resultado?

ADIVINHE...

Esse quadrado mágico é brilhante porque você não tem de usar o 34 como seu número mágico. Você pode fazer seu próprio quadrado mágico com o resultado que você quiser. Olhe o quadrado novamente.

8	11	14	1
13	2	7	12
3	16	9	6
10	5	4	15

Existem quatro números-chave, que estão nos quadradinhos pretos. Se você quiser que o quadrado mágico tenha resultado diferente de 34, você só tem de alterar esses quatro números-chave!

Imagine que você gostaria que o número mágico fosse 25. Uma vez que 25 é 34 menos 9, tudo o que você precisa fazer é refazer o quadrado, mas subtraindo 9 de cada um dos quatro números-chave:

8	11	5	1
4	2	7	12
3	7	9	6
10	5	4	6

Aí está! Cada uma das linhas e combinações de números agora vai somar 25!

Se você estiver fazendo um cartão de aniversário, você pode fazer um quadrado mágico que some a idade da pessoa! Talvez a sua vovozinha tenha 103 anos de idade; nesse caso, calcule que 103 é 69 *a mais* que 34, então some 69 a cada um dos quatro números-chave.

VOVÓ... É UM QUADRADO MÁGICO!
8 11 83 1
82 2 7 12
3 85 9 6
10 5 4 84
UM ABUSADO SÁDICO?

Aqui está um quadrado mágico muito especial!

96	11	89	68
88	69	91	16
61	86	18	99
19	98	66	81

Todas as combinações de quatro números que já comentamos somam 264. MAS... vire-o de cabeça para baixo e dê uma olhada no que acontece!

E finalmente... aqui está um quadrado mágico ainda maior, que usa todos os números de 1 a 25. Cada linha reta soma 65. Pode checar!

17	24	1	8	15
23	5	7	14	16
4	6	13	20	22
10	12	19	21	3
11	18	25	2	9

OS ATALHOS

Qualquer pessoa que não usa calculadoras o tempo todo tem sempre um jeitão bacana. Então, o que você acha de ser um deles?

VEJAMOS... O RESULTADO É 36.584,6
Ó, MESTRE, NÓS NÃO SOMOS DIGNOS!

O que você tem de entender é que para muitos cálculos existem alguns atalhos. Por isso, dê uma olhada nestes aqui e transforme a matemática numa coisa menos mortal para você mesmo!

Vezes 10

O atalho mais fácil de todos é quando você precisa multiplicar um número inteiro por 10. Tudo o que você tem a fazer é colocar um "0" no final!

3.785 x 10 = 37.850

Se quiser multiplicar por 100, coloque "00" no final.

4.558.566.385.465 x 100 = 455.856.638.546.500

Multiplicar por 1.000 ou 10.000 ou até mesmo por 1.000.000.000 é tão simples quanto ir acrescentando os zeros no final do número.

Acrescentar zeros só funciona com números inteiros. Mas, se você tem um número decimal, como 6,247, por exemplo, então você tem de mover a vírgula para a direita. Continua fácil, não é?!

Assim 6,247 x 10 = 62,47 ou 6,247 x 100 = 624,7.

Vezes 99 ou 9

Não é irritante que as coisas nas lojas custem 99 centavos? Imagine que você quer comprar treze livros que custam 99 centavos cada um, quanto vai ser?

Em primeiro lugar, você tem de perceber que 99 é a mesma coisa que 100 – 1. Isso é fácil! 13 x 100 centavos é R$ 13,00. Desse total você subtrai os 13 centavos e obtém a resposta, que é R$ 12,87!

13 x 99 = (13 x 100) – (13 x 1) = 1.300 – 13 = 1.287

Claro, multiplicar por 9 é muito parecido, é o mesmo que pegar 10 – 1. Imagine que você quer fazer a seguinte conta: 67 x 9. É simplesmente a mesma coisa que 670 – 67. Fica mais fácil de calcular e o resultado é 603.

Vezes 5 ou 25

Para multiplicar um número por 5, muitas vezes é mais fácil multiplicar por 10 e depois dividir por 2.

377 x 5 = 3.770 ÷ 2 = 1.885

Para multiplicar por 25 também é muito fácil! Tudo o que você precisa fazer é multiplicar por 100 e depois dividir por 4.

143 x 25 = 14.300 ÷ 4 = 3.575

Quando é que os números são divisíveis?

Às vezes ajuda saber quando um número é divisível por outro sem deixar sobrar nada.

10

Dez é o mais fácil! Qualquer número que termina com 0 é divisível por 10; tudo o que você tem a fazer é jogar o 0 fora.

2

O dois também é muito fácil. Todos os números *pares* (ou seja, qualquer número que termina com 2, 4, 6, 8 ou 0) são divisíveis por 2.

5

O cinco também é fácil. Qualquer número que termina com 0 ou 5 é divisível por 5.

3

O três é realmente divertido! Some todos os dígitos do número que você quer descobrir. Se o total for divisível por 3, então o número será divisível por 3. Vamos ver se 7.845 é divisível por 3. Primeiro você soma os dígitos: 7 + 8 + 4 + 5 = 24. O 24 é divisível por 3?

Some os dígitos: 2 + 4 = 6...

Sim! Então o 7.845 também é divisível por 3!

CERTO, A GENTE TEM 937.632
CUMÉ QUE A GENTE SABE SE DÁ PRA DIVIDI POR 3?
FÁCIL, A GENTE PICA CADA NOTA EM 3 PEDAÇO! É JUSTO!

9

O nove funciona igual ao 3. Some todos os dígitos; se o total for divisível por 9, então o número será divisível por 9!

Será que 15.673 é divisível por 9?

Some os dígitos: 1 + 5 + 6 + 7 + 3 = 22

Puxa vida, que pena! 22 *não* é divisível por 9, por isso 15.673 também não é!

6

Considerando que 6 = 3 x 2, você só precisa checar duas coisinhas simples. O número é divisível por 2? Será que é divisível por 3? Se ambas as respostas forem *sim*, então o número também será divisível por 6!

4

Pegue os dois últimos dígitos do seu número. Será que eles são divisíveis por 2? Se são, então faça a conta. E, se a resposta também for divisível por 2, isso significa que o número original será divisível por 4.

Será que 23.855.632 é divisível por 4?

Pegue 32 e divida por 2: 32 ÷ 2 = 16

Como o 16 também é divisível por 2, então 23.855.632 também é divisível por 4.

Outra dica é: se o número termina em "00", ele é divisível por 4.

100 ÷ 4 = 25; 500 ÷ 4 = 125; 1.000 ÷ 4 = 250; 6.200 ÷ 4 = 1.550

Instinto de sobrevivência

Uma habilidade realmente útil que você pode desenvolver é o "cheirômetro" de resposta correta. Isso ajuda você a parar de cometer equívocos, principalmente quando você estiver fazendo multiplicações. Aqui vão algumas dicas para ajudá-lo...

1. A resposta só pode ser um número ímpar se os dois números forem ímpares.

3 x 7 = 21

2. Se um dos números terminar com 5, a resposta sempre terminará com final 5 ou 0.

13 x 5 = 65, 22 x 35 = 770

3. Se um dos dois números terminar com 1, a resposta terminará com o mesmo número com que termina o outro número.

471 x 28 = 13.188

(28 termina com 8, e da mesma forma a resposta)

4. Cheque o tamanho da resposta e tenha certeza de que nem sobram nem faltam dígitos! 23 x 49 = 87... está claro que a resposta está muito curta. Que tal 17 x 6 = 9.820... a resposta está grande demais!

Dê uma olhada nestes cálculos... mas não faça as contas! Simplesmente tente adivinhar quais as respostas corretas. Você vai ficar surpreso ao perceber que, com um pouco de prática, é muito fácil descobrir isso!

37 x 28 = 91 ou 1.036 ou 743?

100 x 28 = 2.880 ou 28.000 ou 2.800?

99 x 99 = 9.801 ou 9.999 ou 999?

7 x 13 = 178 ou 98 ou 91?

21 x 33 = 691 ou 692 ou 693?

Agora você pode conferir suas respostas na calculadora.

Se quiser ficar muito bom nessa coisa, então desafie um amigo. Bole alguns cálculos para vocês, do jeitão desses que estão aí em cima, com umas opções de resposta. Aquele que conseguir o maior número de respostas corretas no menor tempo é o Campeão dos Números Crocantes! A melhor parte dessa história é que, quanto mais você faz, melhor você fica!

NOVO!
NÚMEROS CROCANTES

E, finalmente, uma conta que não é um atalho!

7

Se você quiser testar para ver se um número é divisível por 7, é um tanto mais complicado, mas ao mesmo tempo é um mistério bem legal!

- Anote o número – por exemplo: 3.976
- Tire o último dígito: 397
- Multiplique o restante por 3: 397 x 3 = 1.191
- Some o número que foi deixado de fora à resposta: 1.191 + 6 = 1.197
- Será que esse é divisível por 7?
  FAÇA TUDO DE NOVO!
- 119 x 3 = 357

Some 7 = 364: Será que é divisível por 7?

- 36 x 3 = 108

Some 4 = 112: Será que é divisível por 7?

- 11 x 3 = 33

Some 2 = 35: Será que é divisível por 7?

- 3 x 3 = 9

Some 5 = 14: Será que *esse* é divisível por 7?

- 1 x 3 = 3

Some 4 = 7: SIM!

Portanto, 3.976 é divisível por 7, mas é muito mais rápido simplesmente ir em frente e dividi-lo.

A saga continua

– OK, você vai receber seus dezesseis pagamentos, mas agora conte: como é que nós vamos medir a altura da torre sem subir pela parede? – perguntou o coronel Cancela.

– Tudo o que eu preciso é de um bastão reto – sorriu Thag dissimuladamente. – E vamos torcer para que o Sol não se esconda.

Os Guerreiros Vetores Valentes se entreolhavam enquanto Thag fincava o bastão no chão, de modo que ele ficasse bem ereto, para cima. Muitos deles estavam se perguntando o que é que tinha a ver pegar um solzinho com medir a altura da torre.

– Agora a gente mede a altura do bastão – disse Thag.

– Mas a princesa não está no topo do bastão – disse um dos Guerreiros Vetores.

Dava para ouvir as risadinhas sem graça de todo mundo, mas, para dizer a verdade, eles não faziam a menor ideia de por que essa era uma observação estúpida.

– Pois bem – disse Thag –, agora a gente espera até a sombra da vara ficar do mesmo tamanho da altura.

Assim eles ficaram esperando até que o Sol desceu o suficiente para que a sombra do pauzinho ficasse mais comprida. E, lá do alto, a voz continuava...

– ...trezentos e trinta e nove milhões, quatrocentos e vinte e oito mil novecentos e oitenta e quatro...

– Agora! – gritou Thag de repente, fazendo todo mundo pular de susto. – A sombra do bastão está exatamente do mesmo tamanho de sua altura.

TORRE
BASTÃO
SOMBRA
SOMBRA

– Viva! – gritaram os guerreiros, profundamente interessados em entender por que isso era uma coisa tão boa.

– Rápido, vamos medir a sombra da torre – disse Thag.

– A sombra tem 30 m de comprimento – veio a resposta.

– Então 30 m é a altura da torre – disse Thag.

– Como é que você sabe? – perguntou o coronel, boquiaberto.

– Fácil – disse Thag. – Quando a sombra do bastão tem o mesmo comprimento da altura, então a sombra da torre também tem o mesmo comprimento que a altura da torre.

– Por quê? – perguntou o sargento, com um jeitinho sarcástico.

– Triângulos equivalentes – disse Thag.

– Mas é óbvio – disse o coronel, que pensava consigo mesmo onde estariam os tais triângulos.

– Veja a questão sob outro ângulo – corrigiu Thag. – Se o bastão tinha um metro de altura e a sombra tinha o mesmo comprimento, então ela teria um metro também, certo?

– Certo! – ouviu-se o coro dos guerreiros.

– Se o bastão fosse duas vezes mais alto, a sombra seria duas vezes mais comprida, certo?

– Certo! – ouviu-se o coro dos guerreiros novamente.

– E, se a vareta tivesse 30 m de altura, a sombra teria 30 m de comprimento, certo?

– Certo! – ouviu-se o coro dos guerreiros felizes. Eles estavam gostando do jogo.

– Mas, em vez de um bastão de 30 m, aqui nós temos uma torre de 30 m de altura, certo?

– Certo! – cantaram todos os guerreiros juntos, à exceção do coronel. Ele estava meio preocupado com a história... como é que um porrete de 30 m de altura teria se transformado numa torre de pedra?... – mas decidiu ficar na sua.

Sem muita demora, uma escada foi encostada na parede da torre.

– Certo! – disse o coronel. – Quem quer ter o privilégio de resgatar a princesa?

A escada de 30 m parecia muito comprida e oscilante.

– Bem, bem, meus jovens?! – insistiu ele. – Nada de ficar com vergonha.

– Na verdade, eu recebi uma cartinha da minha mãe – disse um dos guerreiros.

– Eu sou alérgico a degraus de escada – disse o outro.

– Eu acabei de lavar meus cabelos – disse o terceiro.

O coronel estava começando a ficar desesperado.

– Pois bem, meus camaradas, vocês sabem que eu mesmo iria de bom grado, não fosse pelo problema nos meus joelhos – disse o coronel.

– É, eles ficaram muito molengas – ouviu-se uma voz.

– Agora é sério, homens, ofereço um bônus de duzentos reais para o homem que subir lá.

Os guerreiros olharam novamente para a escada. Duzentos reais era um bom dinheiro, mas infelizmente 30 m era muita escada.

O coronel virou-se para Thag e perguntou:

– Que tal você?

– Vai lhe custar o décimo sétimo pagamento – disse Thag.

– Só isso? – disse o coronel. – Eu estava para lhe oferecer duzentos reais!

– Sabe o que mais? Eu vou lhe dar uma escolha – disse Thag. – Você prefere me dar o décimo sétimo pagamento ou os duzentos reais?

– O décimo sétimo pagamento, é claro! – riu o coronel. – São só alguns centavos!

Thag rangeu os dentes e começou a subir pela escada.

Continua...

ESTE É DOS BONS

Caramba! Um truque de mágica num livro de matemática? Será que se trata de...

• Transformar seu professor num melão?

• Fazer o sofá desaparecer?

PLIM

• Tirar R$ 4.000,00 do nariz?

CALMA, ESTÁ POR AQUI, EM ALGUM LUGAR.

Não, é melhor que isso, é o INCRÍVEL TRUQUE DAS CARTAS INVERTIDAS!

Este truque tem os dois principais requisitos que todo bom truque de mágica tem de ter...

• Todo mundo que não leu este livro vai cair como um patinho.
• É muito simples de fazer.

Tudo o que você precisa é de um baralho, um pano grande – pode ser uma toalha –, uma mesa e alguém para você pregar a peça. Aqui está o que acontece...

1. Você embaralha as cartas. Se algumas caírem no chão, fique frio e pode deixá-las lá. (Isso vai deixar as pessoas maluquinhas!) Coloque o baralho de cabeça para baixo sobre a mesa. Se você confia que seu amigo vai seguir as instruções direitinho e não vai trapacear, você pode até ficar de olhos fechados a partir daqui.
2. Conte para o seu amigo que você tem um número mágico, que é 13. Peça para o seu amigo tirar 13 cartas do baralho e colocá-las na mesa, viradas para cima.
3. Peça para o seu amigo repor as cartas que ele retirou, uma por uma, de volta no seu monte, voltadas para cima. Assim elas vão ficar separadas. Aí então o monte vai ser uma mistura de cartas voltadas para cima e para baixo. Depois disso seu amigo pode embaralhar o monte (mas certifique-se de que seu amigo não vai virar nenhuma carta enquanto estiver embaralhando).
4. Peça para o seu amigo contar as 13 primeiras cartas do monte, sem virá-las. Peça para ele colocá-las num monte separado das outras e cobrir esse monte com o pano. Se seus olhos estiverem fechados, agora você pode abri-los.
5. Diga para o seu amigo que, *sem olhar*, você vai virar algumas cartas por baixo do pano. Coloque as mãos embaixo do pano e diga algumas palavras mágicas. (Certifique-se de que as palavras não são mágicas de verdade, senão seu amigo pode virar uma geleia ou alguma outra coisa constrangedora.)
6. Remova o pano, deixando a pilha de 13 cartas.
7. Aqui está a parte mágica da coisa! Faça seu amigo examinar os dois montes. Seu amigo vai descobrir que tem exatamente a mesma quantidade de cartas viradas para cima em cada um dos montes!

1. EMBARALHE
2. CONTE 13 CARTAS VIRADAS PARA CIMA
3. DEVOLVA AS CARTAS VIRADAS PARA CIMA E EMBARALHE-AS
4. CONTE 13 CARTAS DE CIMA DO MONTE
5. COLOQUE AS CARTAS EMBAIXO DO PANO
6. TIRE O PANO. TCHAN-TCHAN-TCHAN-TCHAN!

O grande mistério deste truque é que você mal tocou as cartas e nem ao menos teve de olhá-las.

Seu amigo vai ficar embasbacado e se perguntando como é que você sabia quantas cartas viradas para cima haviam ficado no primeiro monte, e vai ficar mais pasmo ainda caso se pergunte como é que você conseguiu o mesmo número no monte menor, *sem sequer olhar*!

Então, como é que você fez isso? A resposta é: quando você coloca as mãos embaixo do pano, você simplesmente vira para cima TODA a pilha de 13 cartas. É só isso!

Quando você colocar as mãos embaixo do pano, pode até fazer de conta que está fazendo alguma coisa bem complicada. Se você fizer uma cara bem ridícula, de quem está se concentrando, como se estivesse sentindo as cartas, mais tarde, quando seu amigo estiver sozinho, ele vai ficar horas a fio apalpando as cartas, tentando adivinhar como é que você fez a coisa. Ha! Ha! Ha!

Mas aqui vai a parte *realmente* boa da coisa. Ponha de volta todas as cartas de cabeça para baixo, embaralhe o monte e faça todo o truque de novo...

...Dessa vez seu amigo pode escolher o número mágico. (Números entre 9 e 15 são melhores, mas vai funcionar com qualquer número, apesar de ficar chato se o número for maior que 20.) Em vez de 13, simplesmente use qualquer número que seu amigo queira e faça o truque novamente.

Como funciona?

Fica mais fácil explicar este truque usando um pouco de álgebra. Se você nunca viu álgebra na sua vida, você pode estar pensando "ARGH!!", mas álgebra é só um jeito legal de explicar coisas sem usar muitas palavras e muita gesticulação.

Pegue um baralho e refaça o truque, assim:

- Pegue 13 cartas do topo do monte, vire as cartas para cima, encaixe-as de volta no baralho e misture o monte.
- Tire as primeiras 13 cartas do baralho e olhe-as. Você verá que algumas cartas desse montinho estão viradas para cima. Conte para ver quantas são.
- Vamos dizer que no seu monte menor havia 4 cartas viradas para cima. Isso significa que no monte maior havia 9 cartas voltadas para cima. (Porque no total 13 cartas estavam viradas para cima e há 4 cartas no monte menor: 13 – 4 = 9.)

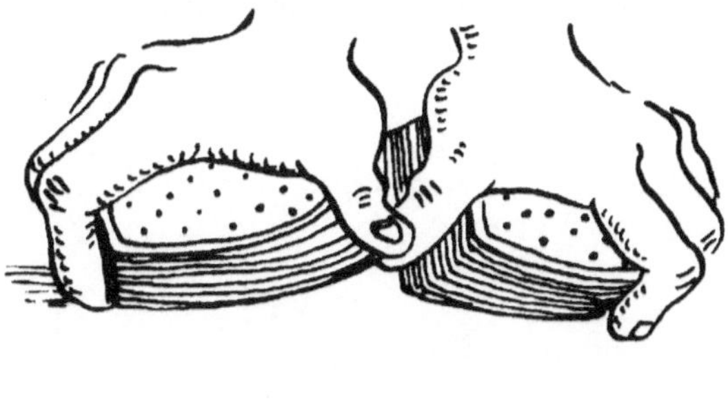

- Agora olhe de novo o seu monte menor, o de 13 cartas. Se existem 4 cartas viradas para cima, significa que o resto deve estar de cabeça para baixo, ou seja, 9 cartas viradas para baixo.
- Vire seu monte menor para cima... o que você tem agora? As 4 cartas que estavam viradas para cima agora estão viradas para baixo, e as 9 cartas que estavam viradas para baixo agora estão viradas para cima!

- Então, você tem agora 9 cartas viradas para cima no seu montinho, que é o mesmo número de cartas viradas para cima no monte maior!

Primeiro vamos ver de onde veio o número 9 – é porque você continua tirando 4 de 13. Na verdade, em vez de escrever 9, vamos escrever (13 – 4) o tempo todo.

A gente coloca parênteses em volta de um cálculo pequeno como (13 – 4) para mostrar que a gente está falando de uma conta, senão as pessoas podem achar que 13 – 4 é o resultado de um jogo de futebol, ou a data do seu aniversário, ou qualquer outra coisa.

Vamos novamente ver nossas instruções...

- Tire 13 cartas do topo, vire-as de cabeça para baixo, coloque-as de volta no monte, intercalando, e embaralhe o monte.
- Tire as primeiras 13 cartas do monte e olhe as cartas desse montinho. Você verá que algumas delas estão viradas para cima. Quantas são?
- Vamos dizer que há 4 cartas no montinho viradas para cima. Isso significa que o monte maior deve ter as restantes (13 – 4) cartas viradas para cima.
- Agora olhe de novo seu montinho de 13 cartas. Se há 4 cartas viradas para cima, deve haver (13 – 4) cartas viradas para baixo.
- Vire sua pilha ao contrário... o que você tem agora? As 4 cartas que estavam viradas para cima agora estão viradas para baixo, e as outras (13 – 4) cartas estão viradas para cima!
- Então você tem agora (13 – 4) cartas viradas para cima, que é o mesmo número (13 – 4) de cartas viradas para cima no monte maior.

MAS PRA QUE ESCREVER (13 - 4)? O QUE É QUE ISSO TEM A VER COM ÁLGEBRA, AFINAL DE CONTAS?
CALMA! DÊ SÓ UMA OLHADA.

Faça de conta que a primeira vez que você olhou seu montinho de 13 cartas você descobriu que havia 7 cartas viradas para cima. Ou talvez 2 cartas. Ou talvez 0 carta. Seria uma chatice terrível escrever as instruções para cada número, assim a álgebra usa um tipo de código...

Vamos supor que a letra "C" seja igual ao número de cartas viradas para cima no seu montinho. (Você pode escolher qualquer letra que quiser, mas vamos usar o "C" por ser mais fácil de lembrar porque "C" significa aqui "para Cima".)

Vamos escrever as instruções de novo, mas agora usando *álgebra*...

- Tire 13 cartas do topo, vire-as de cabeça para baixo, coloque-as de volta no monte, intercalando, e embaralhe o monte.
- Tire as primeiras 13 cartas do monte e olhe as cartas desse montinho. Você verá que algumas delas estão viradas para cima. Quantas são?
- Vamos dizer que há C cartas no montinho viradas para cima. Isso significa que no monte maior estão as restantes (13 – C) cartas viradas para cima.
- Agora olhe de novo seu montinho de 13 cartas. Se há C cartas viradas para cima, deve haver (13 – C) viradas para baixo.
- Vire sua pilha ao contrário... o que você tem agora? As C cartas que estavam viradas para cima agora estarão viradas para baixo, e as outras (13 – C) cartas estarão viradas para cima!
- Então você tem agora (13 – C) cartas viradas para cima, que é o mesmo número (13 – C) de cartas viradas para cima no monte maior!

O grande segredo da álgebra é que a letra sempre significa o mesmo número, do começo ao fim. Assim, se você tiver 3 cartas viradas para cima no começo, basta substituir todos os Cs da instrução por números 3 e você verá como a coisa funciona!

Se você olhar a última linha das instruções, verá que existem (13 – C) cartas no montinho e (13 – C) no primeiro monte. (13 – C) é sempre o mesmo número, não importando quanto o C seja exatamente. (Suponha que quando você virou seu montinho pela primeira vez não houvesse *nenhuma* carta virada para cima; nesse caso o C seria igual a 0. Mesmo assim, a conta daria certo!)

Quando a gente descreveu o truque mágico pela primeira vez, dissemos que o número mágico não tinha de ser *treze*; na verdade, o truque funciona com qualquer número "mágico". A álgebra descreve isso também!

Vamos deixar a letra "M" ser nosso número mágico dessa vez.

Pela última vez, vamos ver as instruções.

- Tire M cartas do topo, vire-as de cabeça para baixo, coloque-as de volta no monte, intercalando, e embaralhe o monte.
- Tire as primeiras M cartas do monte e olhe as cartas desse montinho. Você verá que algumas delas estão viradas para cima. Quantas são?
- Vamos dizer que há C cartas no montinho viradas para cima. Isso significa que no monte maior estão as restantes (M – C) cartas viradas para cima.
- Agora olhe de novo seu montinho de M cartas. Se há C cartas viradas para cima, deve haver (M – C) viradas para baixo.
- Vire sua pilha ao contrário... o que você tem agora? As C cartas que estavam viradas para cima agora estão viradas para baixo, e as outras (M – C) cartas estão viradas para cima!
- Então você tem agora (M – C) cartas viradas para cima, que é o mesmo número (M – C) de cartas viradas para cima no monte maior!

Aí está! A álgebra provou que o truque mágico sempre funciona. Da próxima vez que você pegar algum amigo com esse truque fatal, se você se sentir realmente seguro, poderá fazer toda uma explicação para essa pessoa.

Simplesmente copie as instruções, mas em vez de usar "M" coloque qualquer número mágico que ele escolher. Em vez de usar "C", coloque o número de cartas que estavam viradas para cima no montinho que você recebeu.

EI, OLHA SÓ! A ÉRICA CONHECE UM TRUQUE DE MÁGICA QUE USA ALGUÉM QUE SE CHAMA AL GEBRAH!

Como fazer uma calculadora ser amigável

Aperte estas teclas, na calculadora, *exatamente* nesta ordem:

2 x 2 x 2 x 2 = x 3 x 3 x 3 x 3 = – 2 – 3 – 2 = x 2 x 3 ÷ 100 ÷ 100 =

Vire a calculadora de cabeça para baixo e veja a resposta!

COMO LIDAR COM NÚMEROS GRANDÕES

Alguma vez você já ouviu alguma coisa parecida com isto no noticiário...

E AGORA AS NOTÍCIAS... HOJE TODOS OS BANHEIROS DE TODOS OS POSTOS POLICIAIS FORAM ROUBADOS. 2.000 DETETIVES DIZEM QUE NÃO TÊM PARA ONDE IR.

Ou pode ser que o noticiário lhe conte que a Lua fica a uma distância de quatrocentos milhões de quilômetros, ou até que existem 800.000 tipos diferentes de inseto.

Há alguma coisa fedendo no reino da Dinamarca? Sim... Não é estranho que essas coisas parecem sempre ser números exatos? Por que isso acontece?

É porque, quando os números começam a ficar muito grandes, ninguém fica muito preocupado em ser muito preciso. Imagine um noticiário assim:

HOJE, NA FINAL DA COPA, HAVIA CENTO E DUAS MIL QUATROCENTAS E DOZE PESSOAS

Antes mesmo de eles terminarem de dar a informação, você já teria se esquecido do que eles estavam falando, então o que as pessoas estão se acostumando a fazer é usar números arredondados.

Arredondando números e como a Gladis tentou salvar a vida de seu amor

Imagine que você tem 61 doces; nesse caso, é melhor dizer que você tem cerca de 60 doces, não é verdade? O que você fez foi transformar o último número em 0.

Isso é chamado de *arredondar para baixo*. Em geral, se o último número é 5 ou mais, então você arredonda para cima, para 10, mas, se é 4 ou menos, você arredonda para baixo, para 0.

Arredondar - a história de amor

É fascinante ver o que as pessoas fazem quando elas estão loucamente desesperadas ou pateticamente enamoradas, não é verdade? Esta é a história de Gladis – na verdade essa pessoa não tinha necessariamente de se chamar Gladis, poderia ser qualquer pessoa, como, por exemplo, o rabugento do seu irmão mais velho ou aquela mulher maluca que você encontra no correio... mas, só por conveniência, aqui é Gladis.

Gladis está desesperada porque estava previsto que a pessoa mais fantástica de todo o universo iria aparecer, mas, até então, nada! Enquanto ela fica tentando fingir que não está nem um pouco incomodada com isso, ela acaba fazendo as coisas mais malucas. Na verdade, ela abriu uma lata de feijões e acabou de contar, neste exato instante, quantos grãos havia dentro da lata. O resultado foi 1.928. Pobre Gladis.

TRINTA E SETE, TRINTA E OITO
FEIJÃO

De repente, o fedelho do irmãozinho dela entra.

– Tá tirando os feijões para fora – ele insinua com uma risadinha safada. – É porque te deram um fora? Quantos feijões tem aí?

Gladis não quer admitir para ele que contou o número exato, então ela arredonda o número para cima.

– Cerca de 1.930 – ela diz, depois de arredondar o número 8 para cima.

Mas eis que entra a mãe de Gladis, que é brilhante e inteligente.

– Contando feijões, queridinha? – ela diz para Gladis. – Que legal. Quantos você contou?

FEI

Gladis já estava ficando embaraçada, assim ela arredondou o número mais ainda, para tentar, de algum modo, mostrar que ela realmente não se preocupava.

– 1.900 – murmurou entre os dentes. – Mas é só um número aproximado.

Nesse caso ela ignorou o número 8 completamente, simplesmente olhou para o 3 e *arredondou para baixo*.

De repente, eis que o sino toca e Bonitão Calça-Chique entra sala adentro, imediatamente sacando o negócio dos feijões!

– Olá, meu docinho de coco queridinho! – disparou Gladis, vermelha como um pimentão e rindo mais do que uma hiena.

Ela percebe que é extremamente embaraçoso saber que existem cerca de 1.900 feijões numa lata, então na sua cabecinha ela diz 2.000. (Ela deixou o 3 e o 8 de lado, e simplesmente arredondou o 9 para 10.)

– Vejo que você contou os feijões da lata – disse Bonitão Calça-Chique.

Arghh! Grande timidez! Gladis quer *morrer* de vergonha.

– Então, quantos tem? – pergunta Bonitão.

– Um montão – ela diz com um leve bocejo, tentando parecer pouco interessada.

Isso não se chama arredondar para cima ou para baixo. Isso se chama ficar desesperada.

– Isso é o melhor que você consegue? – disse Calça-Chique. – Quando eu contei, cheguei a 1.928.

Tem duas coisas a serem aprendidas aqui:

- Você pode arredondar os números só um pouquinho ou um montão, dependendo de quão preciso você quer ser.
- Às vezes, todo mundo faz coisas estúpidas, como, por exemplo, contar feijões.

É assim o amor da vida de Gladis: arredondar números e feijões – estão todos ligados.

Números realmente grandes!

Às vezes as pessoas descobrem e contam coisas realmente interessantes, mas você simplesmente não consegue se lembrar delas! Aqui há uma...

A distância média entre a Lua e a Terra é de 381.472 km.

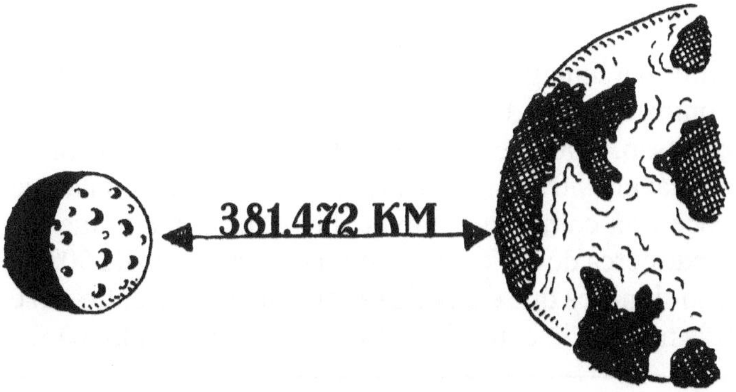
381.472 KM

Viu só onde o bicho pega? É muito fácil ler esse número num livro, mas é um horror se você quisesse se lembrar dele! Para simplificar as coisas, a gente pode arredondar esse número. Aqui estão alguns cálculos do arredondamento da distância da Lua...

381.000 km	Aqui foi arredondado para *três* dígitos. (Porque a gente colocou zeros depois dos três primeiros dígitos.) Taxa de precisão: 99,9%.
380.000	Aqui foi arredondado para *dois* dígitos. (Porque aqui a gente só está informando os dois primeiros dígitos e depois a gente colocou zeros.) Taxa de precisão: 99,6%.
400.000	Aqui foi arredondado para *um* dígito. Taxa de precisão: cerca de 95%.

Mas, quando dizemos que a distância até a Lua é de "quase meio milhão de quilômetros", porque é mais fácil lembrar, estamos sendo pouco precisos. Nesse caso, a taxa de precisão é de 77%.

Em geral, as coisas são arredondadas para dois dígitos, mas, se o primeiro dígito é o número 1, então é melhor usar três dígitos.

> Uma porcentagem (ou %) é a mesma coisa que tirar pontos a partir de 100. Quando você está falando de precisão, 100% é perfeito, 90% pode estar em nível aceitável e 50% é realmente terrível. Faça de conta que você está comprando uma cobra e lhe contam que ela mede cerca de dois metros, com uma precisão de 50% – isso significa que ela pode ser qualquer coisa entre um e três metros de comprimento! Meio sem sentido, não?

OK, agora que você já se familiarizou com os números medianamente grandes, segure-se, porque lá vamos nós!

NÚMEROS CHEGANDO GRANDÕES

Vamos entrar na zona dos números *realmente* grandões! O que *você* chamaria de um número grande? Dez? Cem? Um mil? Que tal um milhão? Que tal um *bilhão*?

Não seria legal se você ganhasse quatro trilhões de reais? Mesmo que esse seja um número razoavelmente grande, ainda dá para escrevê-lo no seu bloquinho de anotações. Ele teria esta cara: R$ 4.000.000.000.000,00. E você teria esta cara:

Para ser mais fácil perceber o tamanho de um número, nós colocamos um ponto entre cada três dígitos – não se esqueça, tem gente como os ingleses, por exemplo, que colocam vírgula no lugar do ponto –, mas às vezes isso não é suficiente...

Você sabe quantos átomos existem numa gota d'água?

Se você contou, deve ter descoberto que eles são: 1.237.992.101.573.228.689.214.

ARRRGH!
COMO É QUE EU VOU LIDAR COM ISSO?

A primeira coisa que fazemos é arredondar o número para cima...

1.240.000.000.000.000.000.000.

Puxa! Já melhorou um pouquinho, não?

Mesmo com os pontinhos, aquele monte de zeros é bem confuso, por isso há um jeito especial para escrever números *realmente* grandões.

1. Ignore os pontinhos!

2. Anote os dígitos da frente, neste caso 124. Coloque uma vírgula decimal depois do primeiro dígito; no caso fica assim: 1,24.

3. Conte o número de dígitos do seu número grandão e subtraia um. Neste caso existem 22 dígitos, assim 22 – 1 = 21.

4. Agora pode escrever seu número grandão assim: $1{,}24 \times 10^{21}$ (dá para ver onde foi parar o 21?).

Aí está! Não é mais fácil e mais organizado?

Então quer dizer que $1{,}24 \times 10^{21}$ significa 1.240.000.000.000.000.000.000? O que a gente fez foi dividir o número grandão em dois novos números. Quando a gente escreve 10^{21}, isso significa que multiplicamos o 10 por ele mesmo 21 vezes, que é a mesma coisa que 1 com 21 zeros atrás dele.

1,24 x 10^{21} realmente significa 1,24 multiplicado por 1.000.000.000.000.000.000.000 que é igual a 1.240.000. 000.000.000.000.000.

Claro, pode ser que você tenha de decodificar o número também!

Imagine que você leu que a Terra tem 4,65 x 10^9 anos de idade.

NEM PARECE MUITO, NÉ?
ACHO QUE MINHA AVÓ É MAIS VELHA QUE ISSO.
E ENTÃO ONDE ELA MORAVA QUANDO NÃO EXISTIA O PLANETA TERRA?
TALVEZ ELA SEJA UMA ALIENÍGENA!

Para descobrir o que isso significa, você deve desdobrar o número... é fácil. 10^9 é simplesmente um 1 com 9 zeros depois dele, então fica assim: 4,65 x 1.000.000.000.

Para multiplicar alguma coisa por um número como o 1.000.000.000, o jeito mais claro é mover a vírgula decimal para a direita, uma posição para cada zero. Nesse caso, em que existem 9 zeros, você deve mover a vírgula decimal por *nove* casas. O resultado fica assim:

465_ _ _ _ _ _ _ . (Quando você moveu a vírgula decimal para depois do 6 e do 5, ainda havia mais 7 zeros, por isso a vírgula foi movida por mais sete casas.)

Agora você preenche os espaços com zeros e o resultado será 4650000000. Se você colocar os pontinhos para separar, aí a aparência será mais organizada e mais óbvia. Você pode dizer que a Terra tem 4.650.000.000 anos de idade.

FOI ISSO MESMO QUE EU PENSEI! MINHA AVÓ É MAIS VELHA.

Calculadoras pequenas e números grandes

Quando as calculadoras tentam lhe mostrar números grandões, a maioria delas apresenta um problema especial. Elas não podem escrever coisas do tipo $4{,}7 \times 10^{13}$ porque elas não sabem escrever "x" e elas não podem escrever os números pequenos no canto superior. Em vez disso, elas escrevem 4,7 E 13.

O número que vem depois da letra "E" lhe conta quantas casas você vai ter de mover a vírgula decimal; se for, por exemplo, "E 43", isso significa a mesma coisa que "$\times 10^{43}$".

Se a sua calculadora é realmente medíocre, pode ser que ela mostre E sem nenhum número. Nesse caso, o E representa *erro* – o número é tão grandão que sua calculadora surtou!

Números bem pequenininhos!

O sistema que pode lidar com números grandões também pode lidar com números bem pequenininhos.

Um átomo de hidrogênio pesa $1{,}7 \times 10^{-24}$ grama. (Ou, como uma calculadora teria escrito: 1,7 E-24.) Céus! Isso parece um montão até que você percebe que existe um sinalzinho de menos na frente do 24.

Para ver o jeitão desse número, você faz exatamente a mesma coisa que fez para achar a idade da Terra... ou seja, você escreve 1,7 e em seguida move a casa decimal. Entretanto, devido ao fato de ser *menos,* a vírgula decimal tem de se mover para o *outro lado*!

Você vai descobrir que um átomo de hidrogênio pesa... 0,0000000000000000000000017 grama!

Aí você percebe que, nesse caso, a coisa mais importante é aquele sinalzinho de menos insignificante. Se você esquecê-lo e disser que um átomo de hidrogênio pesa $1{,}7 \times 10^{24}$ gramas, então ele será bem mais pesado que o monte Everest!

Nome dos números grandões

Mil	1.000
Milhão	1.000.000 (a mesma coisa que dizer mil vezes mil). Só para o seu conhecimento... se você ficar contando sem parar, vai levar mais ou menos uma semana para você contar até um milhão – isto é, se você não for dormir primeiro!
Bilhão	A-há! Tem um probleminha aqui. Nos Estados Unidos e no Brasil, trata-se de 1.000.000.000 ou mil milhões. Entretanto, em muitos lugares, um bilhão é 1.000.000.000.000, ou seja, um milhão de milhões. Se um bilionário americano tivesse todo o seu dinheiro em notas de 1 dólar, levaria 30 anos – sem parar – para ele contar todo o dinheiro!
Trilhão	Mais um problema com os Estados Unidos! Nos EUA isto é um milhão de milhões, ou 1.000.000.000.000. (O mesmo que o bilhão do britânico.) Na maioria dos lugares, entretanto, é um milhão de milhões de milhões, ou 1.000.000.000.000.000.000 (ou 10^{18}).
Zilhão	Um nome infantil para qualquer número estupidamente grande.
Infinito	Um zilhão de zilhões é seu começo do começo. O infinito *É* realmente grande. Bem, pelo menos a gente tem um símbolo especial para ele: ∞.

UMA ÚLTIMA PALAVRA SOBRE O INFINITO...

ARRGHH!

A SIMETRIA E O LABIRINTO DE FAZER PURÊ DE CÉREBRO

Aqui vai um quebra-cabeça para você pensar:
O que estas letras têm...

A B C D E H I K M O T U V W X Y

...que estas não têm?

F G J L N P Q R S Z

Já que você ficaria um século inteiro pensando a respeito, para encurtar a história aqui vai a resposta: as letras do primeiro grupo têm uma *simetria por reflexão.*

HÃ!

Se alguma coisa tem uma simetria por reflexão, isso significa que você pode desenhar uma linha passando pelo meio da coisa, e um lado será um reflexo perfeito do outro.

Olhe só isso: dá para ver que um lado da letra A é um reflexo do outro lado.

Se você colocar um espelho na linha pontilhada e olhar dentro dele, você vai ver a forma da letra "A". Se você dobrar o papel no meio, um lado da letra vai casar direitinho com o outro lado.

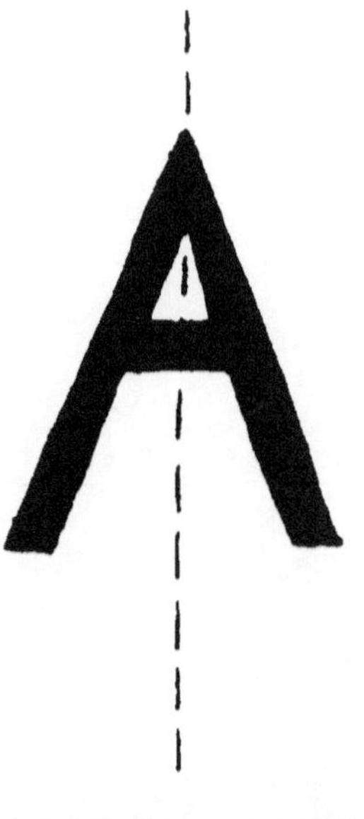

Se você estivesse se sentindo *muito* preguiçoso, você poderia só desenhar uma metade da letra com tinta molhada, dobrar a folha sobre o outro lado, abrir novamente e a letra apareceria inteirinha!

– Calma lá! – você diz indignado. – E o que você me diz da letra "Z"?

Dá para desenhar uma linha e você verá que um lado é o reflexo do outro...

Vamos ver...

Não! As duas partes não são reflexos, elas são exatamente a mesma coisa.

Se você tentar fazer uma letra "Z" do modo preguiçoso, pintando a metade numa folha e dobrando, e depois desdobrando o papel, olha só qual vai ser o resultado...

Muitas coisas têm simetria por reflexão, inclusive quase todos os tipos de animais. O seu próprio corpo tem uma simetria por reflexão, a não ser que você tenha alguns braços extras de um lado, ou um nariz redondo saindo da rótula de seu joelho esquerdo, ou um corte de cabelo realmente inusitado.

Alguns animais assimétricos...

Corujas em geral têm uma orelha maior que a outra, para ajudá-las a detectar animais rastejando no escuro.

Linguado é um tipo de peixe que nada de lado, assim como os outros de sua raça. Eles sempre nadam com o mesmo lado virado para baixo, mas o olho, que antigamente estava virado para baixo, gradualmente moveu-se para cima, para se juntar ao outro, que já ficava no lado de cima da cabeça.

Caranguejos às vezes têm uma das pinças maior que a outra.

Algumas coisas têm mais de uma "linha" de simetria. Dê uma olhada na letra "X". Você pode desenhar e ver que ela tem *quatro* linhas de simetria possíveis!

Então agora você acha que já sabe tudo sobre simetria?

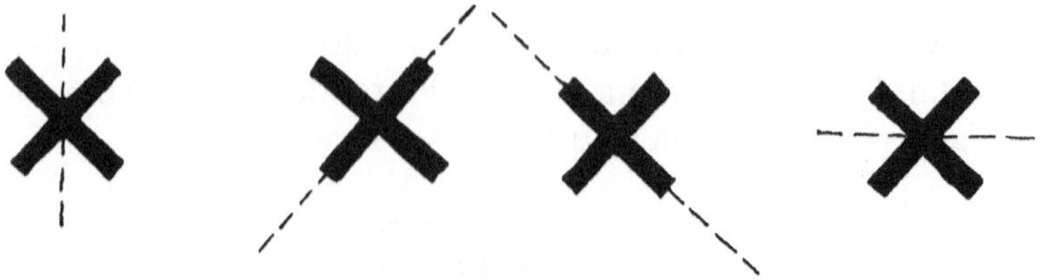

Tá bom, então dê uma olhada nisso...

O que estas letras têm...

H I N O S X Z

...que estas não têm?

A B C D E F G J K L M P Q R T U V W

As letras da primeira linha têm uma coisa chamada *simetria por rotação*! Isso significa que você pode pegá-las, virá-las e depois colocá-las de volta para baixo. A melhor maneira de ver como isso funciona é virar este livro e ver esta página de cabeça para baixo.

ESTÁ VENDO COMO AS LETRAS QUE TÊM SIMETRIA ROTATIVA MESMO ASSIM PARECEM SER AS MESMAS LETRAS?

A maioria das letras só tem duas posições de simetria por rotação, mas será que você percebeu que está faltando uma letra na lista? Sim, a letra "Y" foi deixada de fora da lista pois ela pode ser um caso especial. Em geral o Y não teria nenhuma simetria por rotação, mas... se um Y for escrito com cuidado, com as três perninhas do mesmo comprimento e os ângulos entre elas exatamente do mesmo tamanho, o Y teria três posições de simetria por rotação!

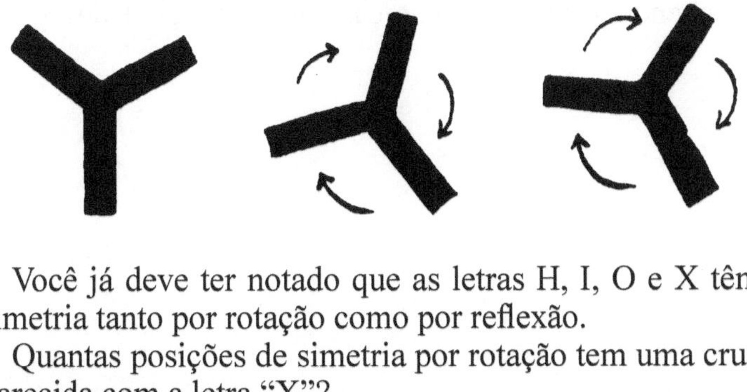

Você já deve ter notado que as letras H, I, O e X têm simetria tanto por rotação como por reflexão.

Quantas posições de simetria por rotação tem uma cruz parecida com a letra "X"?

Quantas posições tem um círculo como a letra "O"?

Caramba! Parece que foi em boa hora que você aprendeu as coisas sobre simetria, porque você acaba de ser agarrado pelo professor Diabólico, que meteu você na seguinte enrascada...

Labirinto de fazer purê de cérebro!

Horripilante, o guarda medonho só vai deixar você sair quando você souber as palavras mágicas e disser para ele. Comece perto da porta e descubra o caminho através do labirinto mortífero, anotando as letras que você for encontrando.

Regras:

1. Se você encontrar um símbolo com *simetria por rotação*, vire para a *esquerda*.
2. Se você encontrar um símbolo com *simetria por reflexão*, vire para a *direita*.
3. Se você encontrar um símbolo que seja dos *dois tipos*, você tem de voltar.
4. Se você encontrar um símbolo que não tem nenhuma simetria, vá em frente.
5. Quando você chegar de volta à porta, já tem de estar sabendo as palavras mágicas. Diga com cuidado!

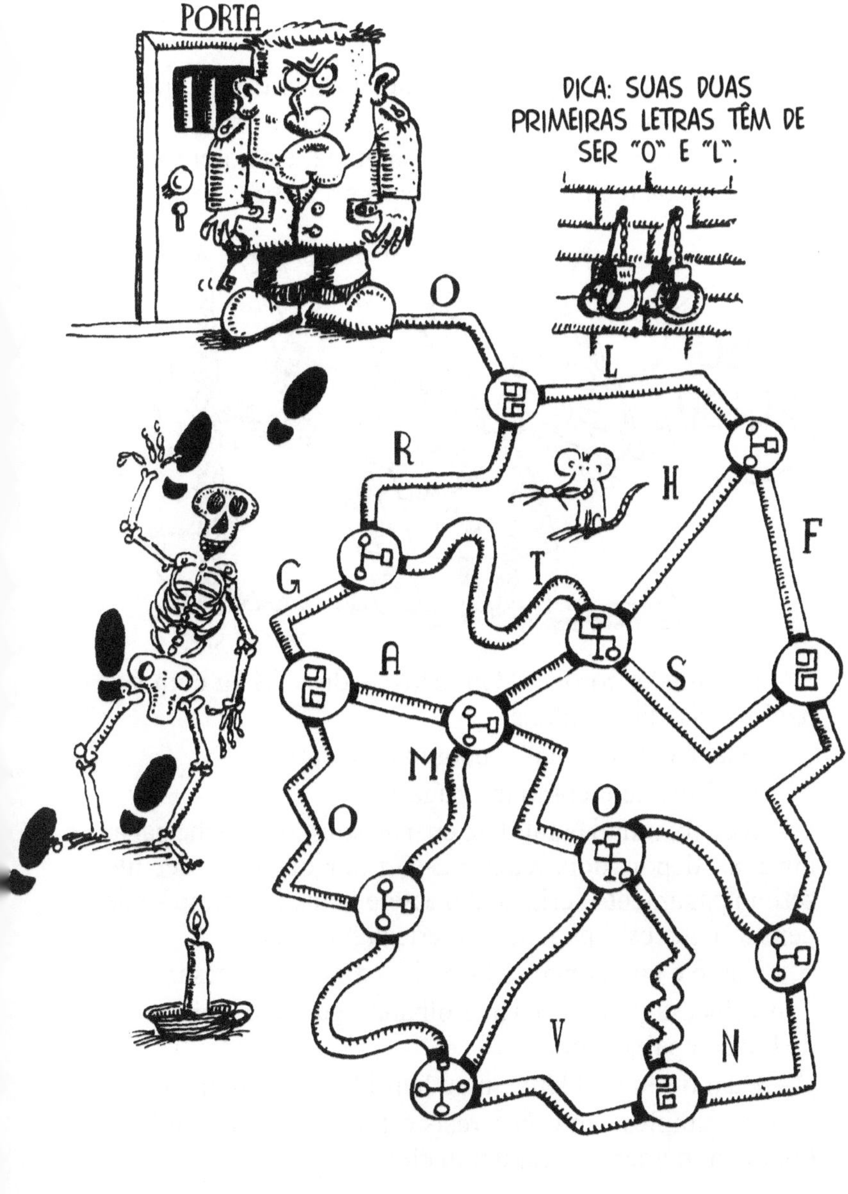
PORTA
DICA: SUAS DUAS PRIMEIRAS LETRAS TÊM DE SER "O" E "L".
O
L
R
H
F
G
T
A
S
M
O
O
V
N

O pagamento pelos serviços prestados

– Você é o meu herói! – disse a princesa quando ela e Thag deixaram o último degrau da escada oscilante e puseram os pés em terra firme.

– Devo admitir que o coronel está me pagando – confessou Thag.

– Bem, ele pode pagar, pois o meu pai está oferecendo a ele uma boa recompensa! – disse a princesa.

MEU HERÓI!

– É verdade, coronel? Oh, céus! – disse Thag com sua habitual risadinha safada.

– Qual é o problema? – perguntou o coronel.

– Você não tem como me pagar!

– Você foi muito barato! Se eu tivesse escolhido lhe pagar um real, depois dois reais e assim por diante, o décimo sétimo pagamento seria de dezessete reais. Eu tremo só de pensar o que esse pagamento teria significado.

– Cento e cinquenta e três reais – disse a princesa.

A princesa percebeu Thag olhando para ela com um ar de bobão apaixonado.

– Qual o seu problema, meu herói? – perguntou ela.

– Eu simplesmente não resisto a uma garota que sabe lidar com números – gaguejou ele.

– Bem, estou muito contente por não ter de lhe pagar cento e cinquenta e três reais – disse o coronel.

– Então, quanto é que ele está pagando para você? – perguntou a princesa.

– Um centavo pelo primeiro trabalho, dois centavos pelo segundo, quatro centavos pelo terceiro e assim sucessivamente, os pagamentos vão se duplicando – disse Thag.

– Centavos! – zombou o coronel.

– Você disse que no total são dezessete pagamentos, é verdade? – perguntou a princesa.

– É isso aí – respondeu Thag.

– Puxa! – explodiu a princesa, surpresa. – Você é um verdadeiro trator com os números!

– Não se impressione muito – disse o coronel. –Ele recusou duzentos reais em troca dos dezessete pagamentos!

– Eu não duvido! – concluiu a princesa. – O coronel já sabe quanto valem esses dezessete pagamentos?

– Ainda não – admitiu Thag.

– São só centavos – disse o coronel, meio inseguro, pela primeira vez parecendo meio preocupado.

– Sessenta e cinco mil quinhentos e trinta e seis deles – disse a princesa.

– Sessenta e cinco mil... – começou o coronel.

– Ou, se preferir, seiscentos e cinquenta e cinco reais e trinta e seis centavos – disse Thag.

– E isso se considerar só até o décimo sétimo pagamento – disse a princesa.

– Quanto... quanto é o total? – perguntou o coronel.

– Um mil trezentos e dez reais... – disse a princesa.

– ...e setenta e dois centavos – acrescentou Thag.

– Puxa vida! – disse a princesa, entusiasmadíssima. – Isso é tudo que eu gosto num homem. Desafio, miolos e uns trocados.

Algumas semanas depois, os Guerreiros Vetores Valentes estavam formando a guarda de honra, enquanto Thag e a nova Sra. Princesa Thag passavam cobertos de confete.

– Viva! – aclamaram os guerreiros.

– Eu espero que todos vocês venham para o banquete de casamento – disse Thag.

– Temos caminhões de salsicha fria para vocês – disse a princesa. – Setecentos e vinte oito, para ser mais exata.

– Mil vivas! – aclamaram os guerreiros, com mais entusiasmo ainda.

– Isso dá quantas salsichas para cada um? – perguntou o coronel.

– Você está perguntando para mim? – riu Thag. – Isso vai lhe custar mais um pagamento.

– Acho que eu vou ficar só com um pedacinho de bolo! – respondeu o coronel, pálido.